Tae Yun Kim

Die Kraft der Stillen Meisterin

Die Erweckung des inneren Selbst

WILHELM HEYNE VERLAG
MÜNCHEN

SPHINX BEI HEYNE
Herausgegeben von Michael Görden
13/3049

Aus dem Amerikanischen
von Marita Böhm

Umwelthinweis:
Dieses Buch wurde auf
chlor- und säurefreiem Papier gedruckt.

Inhalt

können. Setzen Sie die Energie mit der Kraft Ihrer Konzentration und Visualisierung in Gang. Übung. *Meditation.*

4.

Spiegelt Ihr gegenwärtiges Leben Ihre wahren Prioritäten wider? Ist Ihre gegenwärtige Identität Ihr ursprüngliches Selbst oder eine Kopie der Erwartungen anderer? Fünf Methoden können Ihnen helfen, sich mit Ihrem wahren Selbst neu zu identifizieren. Übung. *Meditation.*

5.

Wenn Sie Ihr wahres Selbst leben, führen Sie ein Leben der Liebe, das alle Hindernisse überwindet und dauerhaften Frieden und dauerhafte Freude bringt. Wie Sie sich selbst lieben können, damit Sie Schwächen zu überwinden und Ihre Ziele erfolgreich zu erreichen vermögen. Übung. *Meditation.*

6.

Jede Reise beginnt mit dem ersten Schritt. Wenn Sie bereit sind, Ihr Leben zu ändern, wenn Sie für die Freiheit bereit sind, müssen Sie zur Tat schreiten. Es werden verschiedene Handlungsschritte zur Orientierung vorgestellt, die zu Kraft und Freiheit führen. *Meditation.*

Danksagung

Auch als Großmeisterin bin ich heute noch immer eine Schülerin. Jeder Mensch, der in mein Leben tritt, bringt mir etwas bei. Jeder ist ein einzigartiges Individuum, das der Welt etwas Besonderes geben kann. Ich danke Gott für die Gelegenheit, meinen Schülern und Schülerinnen zu helfen, ihre wahren inneren Stärken und Fähigkeiten aufzudecken.

Mein besonderer Dank gilt Master Instructor Scott H. Salton sowie den Senior Instructors William H. Hewson, Michael B. Fell, David K. Pariseau, Thomas C. Saunders und Daniel Johnson für ihre Hingabe, ihre Unterstützung und ihr Engagement.

Meinen Junior Instructors der zweiten Generation Mark Amador, Erika Sommers, Kristina Williams, Chase Lang und Jacklyn Marie danke ich für ihr Vertrauen zu mir und ihre Verpflichtung ihnen selbst gegenüber.

Schließlich möchte ich allen meinen Schülern und Schülerinnen danken, die ihre Energie zu einem universalen Geist, einer Stärke, einer Macht und einer Heilkraft verbinden. Mit der Kraft dieser Einheit gibt es keine Hindernisse, die wir nicht überwinden können.

Ich danke Euch allen.

Vorwort

Großmeisterin Tae Yun Kim unterrichtet bei weitem mehr als asiatische Kampfsportarten; im Grunde lehrt sie über das Leben – darüber, das Leben ganz und gar zu leben, mit Freude und Liebe zu leben, friedlicher und zielbewußter zu leben.

Die Lektionen der Großmeisterin handeln davon, wie wir uns über die Zerstreuungen, Versuchungen und negativen Kräfte in unserer Umgebung erheben können. Sie zeigen, wie wir die beunruhigenden Gefühle in uns – Wut, Angst, Einsamkeit, Selbstzweifel und die endlose Reihe von negativen, selbstzerstörerischen Emotionen, die wir gewöhnlich erfahren – überwinden können, um unser *wahres* Selbst hervortreten zu lassen und unsere Ziele in diesem Leben zu erreichen.

Wenn uns das gelingt, empfinden wir eine tiefe Zufriedenheit, wie sie nur der Erfolg bringen kann. Die Großmeisterin fühlt sich berufen, uns zu helfen, unsere wahre Kraft zu entdecken, vollkommene Freiheit zu erleben und diesen Erfolg zu erfahren. Sie ist hier, um alles Notwendige zu tun, damit ihre weiblichen und männlichen Schüler diesen besonderen, persönlichen Durchbruch erzielen können.

Die Großmeisterin kann sich hervorragend mitteilen – sie ist eine vollendete Geschichtenerzählerin, der es immer wieder gelingt, ihre Zuhörer zu fesseln, zu unterhalten, zu erleuchten, zum Lachen zu bringen und ihre Herzen zu erreichen.

Nachts schläft sie nur ein paar Stunden, und wenn sie wach ist, nutzt sie jeden Augenblick dazu, ihre Absicht zu verwirklichen – indem sie unterrichtet, Briefe und Zeitschriften liest und meditiert, um sich kreativ inspirieren zu lassen, wie sie ihren Schülern am besten helfen kann. Manchmal läßt sie einen Schüler zu sich kommen und erteilt ihm einen Rat, ermutigt ihn oder bläst ihm nötigenfalls den Marsch.

Trotz ihres rigorosen Zeitplans strahlt die Großmeisterin die Schönheit und Vitalität einer Frau aus, die nicht einmal die Hälfte ihrer Jahre zählt, weil sie das Problem *Energie* gemeistert hat – wie man Energie differenziert, wie man sie kanalisiert, wie man sie fokussiert. Was auch immer sie tut, sie tut es mit völliger Sammlung und Konzentration. Diese Eigenschaften machen sie zu einer hervorragenden Beobachterin der menschlichen Natur. Die Lektionen, die sie in diesem Bestreben gelernt hat, sind die Werkzeuge, mit denen sie Menschen erreicht und ihnen hilft. Viele dieser Lektionen erteilt sie in diesem Buch.

Die Großmeisterin war in ihrer Heimat Korea dem Krieg, der Armut und dem Hunger ausgesetzt. Ihre frühesten Erinnerungen sind für die meisten von uns zu schmerzlich, als daß wir sie uns ins Gedächtnis zurückrufen wollten. Aber eines ihrer Symbole ist die Lotosblume – eine Blume, die nur im trüben, schmutzigen Wasser wächst, sich mit diesem Wasser nährt und stärkt, um uns allen schließlich ihre Schönheit zu zeigen.

Auch die Großmeisterin ist eine solche Blume. Sie hat jede negative Erfahrung in ihrer Vergangenheit nutzbar gemacht und in ihren Dienst gestellt – um sie zu lehren, sie stark zu machen und ihr zu helfen, ihre innere Schönheit ans Tageslicht zu bringen. Ihre grundlegendste Lektion besagt, daß auch wir diese Fähigkeit haben. Sie lehrt direkt auf diesen Seiten und indirekt an ihrem Beispiel. Das eine ist so wichtig wie das andere. Sie beweist, daß ihre Prinzipien *funktionieren* und daß sie auch uns zu einem Leben führen können, das mit Freude, Frieden und Absicht erfüllt ist.

Eric Armstrong
Milpitas, Kalifornien

Anmerkung

Kritischen Lesern wird auffallen, daß die Bilder des Stillen Meisters, mit denen jedes Kapitel beginnt, nicht in der richtigen Reihenfolge erscheinen: Bild I des Stillen Meisters leitet zwar Kapitel eins ein, aber das zweite Kapitel wird mit Bild III des Stillen Meisters eingeführt.

Die sechs Bilder des Stillen Meisters wurden zuerst in Tae Yun Kims Buch ›Der Weg der Kriegerin‹ (München 1996) veröffentlicht, und wir wollten die ursprüngliche Numerierung der Bilder beibehalten, auch wenn sie mit den Kapiteln in ›Der Weg der Kriegerin‹ nicht übereinstimmen.

Einführung

Zu meinem Lehrprogramm zählen Wochenenden der Selbstentdeckung, an denen sich die Teilnehmer mittels vieler verschiedener energetisierender Tätigkeiten erforschen und zum Ausdruck bringen. Diese Wochenenden finden überwiegend im Freien in schönen, abgelegenen Naturlandschaften statt und sollen Menschen die Möglichkeit geben, sich zu öffnen, sich auf umfassendere Weise zu lieben und, was am wichtigsten ist, mehr über ihr wahres Selbst herauszufinden.

An einem dieser Wochenenden hatten wir gerade einige Atemübungen abgeschlossen und saßen im Kreis zusammen, als auf einmal ein großer Schmetterling in den Kreis flog und sich auf meinem Arm niederließ.

Dieser bezaubernde und faszinierende Besucher schien eine Aufgabe zu haben. Ich ermutigte ihn, auf meine Hand zu kommen, was er auch tat, ohne Anstalten zur Flucht zu machen. Er breitete seine schönen Flügel aus und winkte mit ihnen jedem zu, der herantrat und ihn genauer betrachten wollte. Selbst als ich aufstand und umherging, flog er nicht davon.

Wie der Schmetterling hatten auch wir eine Aufgabe. An diesem Tag waren wir zusammengekommen, um unser wahres Selbst zu entdecken. Es hatte den Anschein, als ob dieser schöne kleine Besucher gekommen wäre, um uns zu sagen: »Seht mich an, wenn ihr etwas über Selbstentdeckung erfahren wollt.« Vielleicht war es seine Aufgabe, uns an das mächtige Symbol zu erinnern, das uns die Natur gibt, wenn eine kleine, unscheinbare Raupe sich in ein mehrfarbiges, geflügeltes Wesen verwandelt. Sie wird zu einem völlig anderen

Lebewesen, das nicht mehr am Boden kriechen muß, sondern sich frei in die Lüfte erhebt!

Aber stellen Sie sich vor, die Raupe vergäße durch einen schrecklichen Zauber ihr Schicksal oder wüßte nicht mehr, wer sie in Wirklichkeit sei; stellen Sie sich vor, die Raupe würde niemals die Schritte unternehmen, die die Verwandlung ermöglichen; stellen Sie sich vor, sie fräße nicht die richtigen Blätter oder spänne sich nicht in einen Kokon ein. Vielleicht würde sie den Rest ihres Lebens damit verbringen, einfach am Boden zu kriechen und ihren Feinden auszuweichen, um schließlich zu verhungern oder im hohen Alter zu sterben. Was wäre das für ein Verlust! Wir könnten lediglich hoffen, daß irgend etwas irgendwann und irgendwo die Raupe dazu bringen würde, sich an ihre wahre Identität zu erinnern und ihr eigentliches Schicksal zu erfüllen.

In derselben Weise verfügen Sie über das Potential, ein freudloses, unglückliches, eingeschränktes oder unerfülltes Leben in eines zu verwandeln, das die Freiheit eines Schmetterlings gewährt. Ich bezeichne das als Selbstentdeckung. Aber Selbstentdeckung bedeutet im Grunde, daß Sie Ihr Selbst *wiederentdecken*. Sie besitzen bereits ein starkes, reines und strahlendes Bewußtsein, das ich den Stillen Meister nenne. Die Wiederentdeckung dieses Aspektes kann Ihnen die Freiheit bringen, die das Leben lebenswert macht, so daß Sie dem Leben nicht mehr ausweichen, sich nicht mehr vor ihm verstecken oder es verfälschen müssen.

In meinem ersten Buch, ›Der Weg der Kriegerin‹, stelle ich das Fundament der Prinzipien vor, die zur Entdeckung Ihres Stillen Meisters führen. Doch auch wenn Sie um den Stillen Meister in Ihnen wissen, wenn Sie wissen, wer Sie sind und was für ein Potential Sie haben, fehlt noch ein wichtiger Schritt: *Handeln*. Inneres Wissen führt nur zur Freiheit, wenn Sie es in die Tat umsetzen. In diesem Buch geht es mir in erster Linie darum, wie Sie sich Ihren Weg der Selbstentdeckung ebnen können, so daß Ihr Wissen Ihnen Freiheit und Liebe und Freude bringt.

Und noch etwas fällt in diesen Bereich: *Arbeit.* Selbstentdeckung, Handeln und bis zum Ziel auf seinem Weg zu bleiben – das alles erfordert Arbeit. Daran führt kein Weg vorbei. Arbeit erfordert Anstrengung! Ehrlich gesagt, ich habe noch nie jemanden getroffen, der die Entdeckung seines wahren Selbst anstrebte und dabei keine Hindernisse überwinden mußte. Aber Hindernisse und Fehler sind Ihre Freunde und Lehrer. Sie erfahren sie in genau der Stärke, die Sie benötigen, um die entsprechende Stärke zu ihrer Überwindung aufbauen zu können.

Ich mußte für diese Schmetterlingslektion Lehrgeld bezahlen, als ich als junges Mädchen bei meinem Meister in Korea lernte. Viele Wochen lang hatte ich einen Kokon beobachtet und darauf gewartet, daß der Schmetterling herauskam. Es fiel mir schwer zu glauben, daß sich in ihm überhaupt eine Lebensform befinden sollte, und ich fragte mich sogar, ob der Kokon vielleicht tot sei. Mein Meister versicherte mir, daß viel geschehen würde, was ich nicht sehen konnte. »Lerne, geduldig zu sein – beobachte einfach«, sagte er.

Eines Tages glaubte ich, winzigste Bewegungen wahrzunehmen. Als ich mein Ohr an den Kokon legte, war ich verblüfft und begeistert, die leisen, kratzenden Geräusche des Schmetterlings im Inneren zu hören. Nachdem ich so lange gewartet hatte, sollte es endlich passieren: Endlich sollte ich sehen, wie ein Schmetterling aus dem Kokon schlüpfte. Aber es schien eine Ewigkeit zu dauern. Obwohl ich schon seit vielen Stunden wartete, vermochte er seinen Kokon offenbar immer noch nicht zu verlassen. Ich kam zu dem Schluß, daß er in Schwierigkeiten sein müsse und ich ihm lieber helfen solle. Ganz vorsichtig schälte ich die äußere Schicht des Kokons ab, um den Schmetterling zu befreien. Der Schmetterling kam zwar heraus, aber er konnte nicht fliegen. Ich rief nach meinem Meister, und ohne daß ich ihm etwas erklären mußte, sah er sofort, was ich getan hatte. Ich hatte in den Entwicklungsprozeß des Schmetterlings eingegriffen.

Die *Anstrengung* – die Arbeit –, aus dem Kokon zu schlüpfen, ist ein notwendiger Vorgang bei der Verwandlung zum Schmetterling. In meiner Unwissenheit hatte ich ihm die Arbeit abgenommen, die eine unerläßliche Vorbereitung auf ein Leben des Fliegens ist.

Bei der Selbstentdeckung ist die Arbeit etwas Freudvolles! Jawohl, sie hat mit Anstrengung zu tun, und sie hat damit zu tun, daß Sie sich verändern. Sie kann damit verbunden sein, daß Sie zum ersten Mal ›unheimliche‹ Dinge tun, und sie ist mit gewissen Opfern verbunden. Aber das englische Wort *sacrifice* für ›Opfer‹ kommt von einer lateinischen Wurzel mit der Bedeutung ›heilig machen‹. Ein Opfer ist kein wirklicher Verlust. Bei der Entdeckung Ihres wahren Selbst werden Sie nie etwas verlieren, was Sie brauchen, und Sie werden nur das gewinnen, was Sie reiner und freier macht.

Ihre Arbeit liegt ausschließlich in Ihrer Hand. Niemand kann Ihnen Ihre Arbeit abnehmen oder für Sie leben – niemand kann Ihre Wahrheit kennen. Selbst ein Grashalm muß ganz allein die Erde bewegen. Und ein einzelner kleiner Grashalm bewegt *wirklich* die Erde! Die Wahrheit ist die, daß all Ihre Kämpfe, all Ihre Hindernisse, all Ihre Fehler dafür vorgesehen sind, mit Sieg und nicht mit Niederlage zu enden. Die starke Präsenz in Ihnen – Ihr Stiller Meister – ist die Kraft der Liebe. Und diese Liebe sehnt sich vor allem danach, Sie zu Ihrem höchsten Potential zu führen. Die Liebe führt Ihnen jede Situation, jedes Hindernis und jede Lektion zu, die Sie benötigen, um Ihr größtes Wachstum hervorzubringen.

Mein eigenes Leben war sicherlich nicht frei von Hindernissen. Um mein Ziel, Großmeisterin zu werden, zu erreichen, mußte ich die Härten des Krieges und ein seit vielen Jahrhunderten in Asien geltendes Vorurteil, das Frauen in die Schranken weist, überwinden.

Auch heute muß ich noch immer jeden Tag viele Probleme überwinden, um meine Arbeit fortzusetzen, andere in der

Kunst des Jung SuWon (diesen Begriff übersetze und definiere ich im ersten Kapitel) zu unterrichten. Mit diesem Buch beabsichtige ich unter anderem, Sie an den Handlungsschritten teilhaben zu lassen, die mir geholfen haben, meine Ziele zu erreichen. Für mich war eine Niederlage niemals eine akzeptable Alternative. Wenn eine Niederlage einem Zweck dienen soll, dann nur dem, als Wegweiser, als Feedback zu dienen, während man sein Ziel weiterverfolgt.

Wenn Sie es früher einmal versucht haben und gescheitert sind, versuchen Sie es aufs neue! In diesem Buch lade ich Sie ein, es einmal auf meine Weise zu versuchen. Ich kann Ihnen nur sagen, daß meine Prinzipien bei mir und bei meinen Schülern funktionieren. Wenn Sie willens sind zu handeln, werden sie auch bei Ihnen funktionieren. Ich habe in dieses Buch viele Handlungsschritte aufgenommen, die Ihnen helfen können, sich Ihren eigenen Weg zu ebnen. Halten Sie beim Lesen einen Stift bereit und machen Sie einige der Aufgaben. Versuchen Sie es einmal damit – Sie können immer zu Ihrem eigenen Weg zurückkehren, wenn Sie möchten.

Denken Sie daran, daß Sie nicht allein sind. Wie ein einzelner Grashalm sind Sie eins mit der Lebenskraft des Universums, und Sie haben die Kraft und die Fähigkeit, Ihre Träume Wirklichkeit werden zu lassen. Mein größter Wunsch ist der, Ihnen zu helfen, die wahre Liebe in Ihnen zu entdekken, und Ihnen zu zeigen, wie sie zu nutzen ist, um ein Leben der Erfüllung, des Friedens und der Freude zu schaffen.

Großmeisterin Tae Yun Kim

1.
FREIHEIT!
DAS ZIEL DER
SELBSTENTDECKUNG

Bild I des Stillen Meisters

Sie sind von der gleichen Art

Ihr Stiller Meister ist Ihr wahres Selbst, Ihr ursprüngliches Selbst. Er drückt sich durch Ihr Denken, durch wahre Ideen und Gedanken in Ihrem Geist aus. Er ist Ihre unveränderliche Eigenpersönlichkeit, die getrennt von Ihrem Gehirn (das lediglich Ihre Wahrnehmungen verarbeitet) und den Persönlichkeitsmerkmalen existiert, die Ihnen von Ihrer Umwelt aufgezwungen worden sind.

Die Freiheit ist Ihr Geburtsrecht

Sie wurden geboren, um frei zu sein! So wie die Natur reich an wildlebenden Tieren ist, die in Freiheit geboren werden, sind auch Sie dazu bestimmt, frei zu leben. Auch Sie sind Teil der Natur. Und es gibt keine größere Freiheit, als Herr über sein eigenes Schicksal zu sein. Es gibt kein größeres Glück, als der zu sein, der man in Wirklichkeit ist – keine Kopie oder Imitation einer anderen Person, sondern sein ursprüngliches Selbst.

Wenn Sie wissen, wer Sie sind, erfahren Sie sich als einzigartig, von der gleichen Art. Sie haben einen besonderen Platz und einen besonderen Zweck hier in diesem Dasein. Niemand kann Ihren Platz im Leben oder im Universum einnehmen. Wenn Sie wissen, wer Sie wirklich sind, werden Sie frei, weil Sie erkennen, daß Sie die Verantwortung für Ihr Leben tragen können. Sie lernen, die natürliche Kraft in Ihnen zu nutzen, damit Sie Ihre wahren Wünsche erkennen, sich bedeutungsvolle Ziele setzen und sie auch verwirklichen.

Stellen Sie sich die folgenden Fragen: Haben die letzten fünf Jahre Ihres Lebens Ihnen das gebracht, was Sie sich im Leben wünschen? Haben Sie sich auf ein Ziel konzentriert und etwas Bestimmtes in Angriff genommen? Oder haben Sie sich einfach treiben lassen, um jetzt, fünf Jahre später, festzustellen, daß Ihre Zeit größtenteils vergeudet war?

Vielleicht haben Sie sich diese Fragen noch nie gestellt und erwidern, ohne nachzudenken: »Ich glaube, ich habe erreicht, was ich wollte.« Oder Sie wissen sofort, daß Ihre Antwort lautet: »Wollen Sie mich auf den Arm nehmen? Auf keinen Fall!« Denken Sie darüber nach und fragen Sie sich jetzt. Finden Sie es wirklich aufregend, jeden Morgen aufzustehen? Üben Sie einen Beruf aus, der Sie erfüllt? Gibt es Liebe in Ihrem Leben? Regt sich in Ihnen ein warmes und friedvolles Gefühl, das Sie glücklich macht, einfach am Leben zu sein, gleichgültig, was auch passiert?

Oder haben Sie das unbestimmte Gefühl, daß Sie in Ihrem Leben irgendwie ›etwas vortäuschen‹, als ob Sie nie wirklich gewußt hätten, wer Sie sind, was Sie können oder warum Sie hier sind? Haben Sie das Gefühl, daß Sie es versäumen, Ihr Leben wirklich zu *leben*, daß Sie einfach nur alles Erdenkliche tun, um zu überleben?

Wenn Sie Ihre Antwort gefunden haben, sollten Sie noch etwas in Erwägung ziehen: Die nächsten fünf Jahre werden genauso sein – wenn Sie nichts verändern. Darum müssen Sie sich jetzt noch eine weitere Frage stellen: Möchten Sie, daß die nächsten fünf Jahre genauso werden wie die vergangenen fünf?

Selbstentdeckung bedeutet zu lernen, frei zu leben

Wenn Sie auf diese Frage mit Nein antworten, dann sind Sie bereit, die Reise zur Selbstentdeckung anzutreten. Das Gefühl, etwas ›vorzutäuschen‹ oder ›zu versäumen‹, kommt daher, daß Sie nicht wissen, wer Sie in Wirklichkeit sind. Wenn Sie Ihr wahres Selbst entdecken, werden Sie die natürlichen Wünsche und Sehnsüchte herausfinden, die Sie zu einem glücklichen und erfüllenden Leben führen. Sie werden dahin kommen, einen Frieden und eine Freude zu erfahren, die Sie unabhängig von Ihren materiellen Lebensumständen nicht verlassen werden.

Unsere Gedanken und Gefühle sind reine Energie. Was auch immer wir bewußt und unbewußt denken, manifestiert sich in unserem Alltagsleben in der einen oder anderen Form. Das bedeutet, daß all unsere negativen Gedanken, Selbsteinschränkungen und Selbstzweifel uns daran hindern, unser wahres Selbst zu erreichen, zu der Person zu werden, die zu sein wir geboren sind. Dagegen rufen unsere positiven Einstellungen, konstruktiven Handlungen und reinen Gedanken und Gefühle ein völlig anderes Leben von Frieden und Freiheit hervor. Aus diesem Grund ist Ihre Einstellung auf der Reise zur Entdeckung Ihres wahren Selbst eines der wichtigsten Werkzeuge, die Sie mitnehmen werden.

Das wahre Ziel der Selbstentdeckung liegt darin, Freiheit und Glück zu finden. Wenn Sie jetzt nicht glücklich sind, wenn Sie nicht die Freiheit haben, die Sie sich wünschen, ist der Grund dafür der, daß Sie sich der Kraft in Ihnen nicht bewußt sind, um voll Freude Ihre bedeutungsvollen Ziele und wahren Wünsche zu verwirklichen. Freiheit heißt, daß Sie kein Opfer Ihrer Umgebung sein müssen. Freiheit heißt, daß Sie Ihre Kraft gebrauchen, um die Verantwortung für Ihr Leben zu übernehmen und Ihren Weg zu bestimmen, in welchen Verhältnissen Sie auch immer geboren wurden und welche Verhältnisse sich auch immer im Laufe Ihres Lebens entwickelt haben. Und jawohl, Sie haben die Kraft!

Einige Aspekte des Lebens sind unvermeidlich. So haben Sie zum Beispiel die Familie und die Umgebung, in die Sie geboren wurden, nicht gewählt. Sie haben viele der Mißstände, Konflikte oder Krisen nicht gewählt, die Ihnen im Laufe der Jahre begegnet sein mögen. Und Sie werden zwangsläufig mit Krankheiten in irgendeiner Form, dem Alter und dem Tod konfrontiert werden. Aber Sie dürfen diese Erfahrungen nicht als Entschuldigungen für ständiges Unglück und Scheitern ansehen. Statt dessen können Sie beschließen, daß Sie jetzt sofort Veränderungen in Ihrem Leben vornehmen und daß Sie Ihr Leben so voll und mit soviel Liebe und Glück wie möglich leben werden.

Das Leben ist ein überaus wertvolles Geschenk. Aber wir neigen dazu, jeden Tag so zu betrachten, als ob das Leben niemals enden würde, als ob uns unendlich viel Zeit zur Verfügung stünde, um das Glück zu finden, das wir uns wünschen. Infolgedessen bringen wir Tag für Tag und Jahr für Jahr unentwegt Entschuldigungen für unser Scheitern daran vor, daß wir unsere wahren Wünsche nicht verwirklicht haben, statt uns *hier und jetzt* unseren Ängsten zu stellen.

Gute Absichten allein scheinen nicht auszureichen, um große Veränderungen im Leben herbeizuführen. Denken Sie an all die Vorsätze für das neue Jahr, die Sie in der Vergangenheit gefaßt haben, und Sie werden erkennen, daß mit guten Absichten allein keine Veränderungen herbeizuführen sind. Wenn Sie eine wirkliche und dauerhafte Veränderung wünschen, müssen Sie Verpflichtungen eingehen und konstruktive Schritte unternehmen!

Unglücklicherweise neigen wir dazu, uns an unsere Ängste und Einschränkungen zu gewöhnen. Erinnern Sie sich an Situationen, in denen sich Ihre Augen an einen halbdunklen Raum angepaßt hatten. Sie dachten, daß Sie in der Dunkelheit gut genug sehen könnten. Aber wenn dann plötzlich das Licht anging, wurde Ihnen klar, wie dunkel es eigentlich zuvor gewesen war. Und war das Licht nicht auch schmerzhaft? Es war unbequem, sich an das Licht zu gewöhnen. In derselben Weise können wir uns an die Dunkelheit unserer Ängste gewöhnen und so bequem werden, daß wir dahin kommen, die Dunkelheit der Angst dem Licht unseres wahren Selbst und wahren Glücks vorzuziehen. Dann ertappen wir uns vielleicht dabei, daß wir uns Tag für Tag von einer Einstellung treiben lassen, die lautet: »Vielleicht morgen – oder vielleicht an einem anderen Tag – wird mein Leben schon wieder in Ordnung kommen.«

Aber unsere Zeit auf dieser Erde wird eines Tages ablaufen. Uns steht nicht unendlich viel Zeit zur Verfügung, um einfach darauf zu warten, daß ›irgendein Tag‹ kommen wird. Im Grunde kennt niemand von uns die genaue Zeitspanne, die uns im Leben bleibt. Durch unsere Bereitschaft, unaufhörlich auf irgendeinen Tag zu warten, vergeuden wir nur kostbare Zeit und werden darin gehemmt, Schritte zu unternehmen, die wahrhaftig das Gute bewirken, das wir uns wünschen.

Wie sind Sie dahin gekommen, wo Sie jetzt sind?

Für viele von uns verzögert sich die Selbstentdeckung, weil wir ein vorgefaßtes Bild von uns haben, das uns veranlaßt, auf bestimmte Art und Weise zu handeln. Dieses Selbstbild beeinflußt die Entscheidungen, die wir über unser Aussehen, unsere Berufswahl, die Personen, denen wir uns anschließen, und die Umgebung, in der wir leben, treffen. Aus all diesen Entscheidungen und noch vielen anderen bildet sich unsere Selbstauffassung. Beispielsweise neigen Personen, die sich für häßlich und dumm halten, dazu, sich nachlässig zu kleiden, eine krumme Haltung einzunehmen und einen Beruf zu wählen, in dem sie wenig denken müssen. Ihr Selbstbild, nicht gut zu sein, erlaubt ihnen nicht, sich für bessere Möglichkeiten zu öffnen.

Ihr Selbstbild ist größtenteils eine Summe von Elementen Ihrer Umgebung. Was auch immer Sie Moment für Moment in Ihrer Umgebung sehen, hören, riechen, schmecken und fühlen, bestärkt Sie darin, ein Urteil über sich selbst zu bilden. Ihre fünf Sinne sind ständig auf negative Situationen eingestellt, die ein negatives Selbstbild hervorrufen. Ich bezeichne die Sinne manchmal als die ›fünf Diebe‹, weil diese negativen Wahrnehmungen Sie Ihres natürlichen Geburtsrechts auf Wissen um Ihr wahres Selbst, Selbstschätzung und natürliche Freude berauben. Und dann verläuft der Prozeß entgegengesetzt: Die negativen Urteile, die Sie sich aufgrund Ihrer Umgebung angeeignet haben, bestärken Sie darin, eine negative Umgebung zu wählen oder beizubehalten. In meinen Kursen zeige ich, wie Menschen durch diesen Zusammenhang zwischen Umgebung und Selbstbild zu Unrecht eingeengt sein können und daß sie beide Bereiche gleichzeitig verbessern müssen, um vorteilhafte Veränderungen in ihrem Leben herbeizuführen.

Das Muster und die Qualität Ihres Denkens haben genauso wie Ihre Umgebung zu Ihrem Selbstbild beigetragen. Natürlich gibt es Zeiten, in denen wir uns bemühen, positiv zu denken, ungeachtet der Verhältnisse in unserer Umgebung. Aber viel negatives Denken schleicht sich – oft heimlich – in unsere Selbstgespräche ein. »Das kann ich nicht«, denken wir, »das werde ich nie schaffen, ich werde immer dick bleiben, ich bin zu schüchtern, um laut und deutlich zu sprechen, ich kann nicht singen …« Von diesen Urteilen fest überzeugt, verweigern wir uns selbst die Möglichkeit, zu entdecken, wer wir in Wirklichkeit sind. Wir halten selten inne und stellen unsere Annahmen in Frage. Sind wir wirklich so? Woher kommen diese Gedanken? Wann haben wir angefangen, das zu glauben, und warum?

Wenn ich Menschen, die zu schüchtern sind, um vor anderen zu sprechen, sage, daß sie sich bezüglich dieser mangelnden Fähigkeit irren könnten, erwidern sie vielleicht: »Sie haben unrecht. Der Beweis dafür, daß ich zu schüchtern bin, ist der, daß ich es nicht kann!« Oder ich höre: »Der Beweis dafür, daß ich nicht singen kann, ist der, daß ich nicht singen kann.« Oder: »Der Beweis, daß ich schlecht in der Schule bin, ist der, daß ich schlechte Noten habe!«

Aber das sind überhaupt keine Beweise. In Wirklichkeit liegt die Sache so: Irgendwo und irgendwann haben sie angefangen, diese Annahmen zu *glauben*. Viele Gründe können dazu geführt haben, und gewöhnlich gehen die Gründe auf eine Person, eine Gruppe oder eine Autoritätsperson wie einen Elternteil, einen Lehrer oder einen Verwandten zurück. Wenn man jung und abhängig ist, akzeptiert man normalerweise, was Autoritätspersonen sagen, und man erschafft sich seine Persönlichkeit und Erwartungen auf der Grundlage dieser Meinungen von außen.

Wenn man jung ist, hat man nicht die Freiheit, einfach seine Umgebung zu verlassen, und möglicherweise nicht die Kraft, sie zu ändern. Doch als unabhängiger Erwachsener können Sie die Macht der Wahl wahrnehmen, um Veränderungen herbeizuführen. Eine unglückliche Vergangenheit ist niemals eine Entschuldigung dafür, auch in der Gegenwart negativ zu denken. Die Macht, Veränderungen zu bewirken, hängt davon ab, daß Sie jetzt eine Wahl treffen – trotz der Vergangenheit –, die dazu führt, daß Sie Ihre Ziele verwirklichen.

Ihr wahres Selbst ist das Bewußtsein des Stillen Meisters

In Ihnen ist ein Bewußtsein, das ich den Stillen Meister nenne. Ihr Stiller Meister ist der Teil von Ihnen, der mit derselben schöpferischen Lebenskraft verbunden ist, die das Universum hervorbrachte. Dieses Bewußtsein wirkt schöpferisch auf die Gestaltung Ihres Lebens und Ihrer Welt ein, wenn Sie in Einklang mit ihm handeln.

Die sechs Bilder des Stillen Meisters beschreiben, wer Sie in Wirklichkeit sind. Das an den Anfang dieses Kapitels gestellte erste Bild besagt, daß Ihr Stiller Meister Ihr wahres Selbst, Ihr ursprüngliches Selbst ist. Das bedeutet, daß Sie ein Original sind! Sie brauchen nicht die Kopie einer anderen Person zu sein. Sie wurden zu einem besonderen Zweck geboren, mit all den Fähigkeiten und Eigenschaften, die Sie benötigen, um diesen Zweck zu erfüllen und vollkommen derjenige zu sein, der Sie sind. Lassen Sie uns dieses ursprüngliche Selbst Ihr wahres Selbst nennen. Dieses ursprüngliche Selbst glaubt nicht, schüchtern zu sein oder nicht singen zu können. Dieses Selbst weiß, daß es über unbegrenzte Intelligenz verfügt.

Wie entdecken Sie Ihre wahre Aufgabe, und wo finden Sie Ihr wahres Selbst? Das Bild des Stillen Meisters beantwortet diese Frage: »Es drückt sich durch Ihr Denken, durch wahre Ideen und Gedanken in Ihrem Geist aus. Es ist Ihre unveränderliche Eigenpersönlichkeit, die getrennt von Ihrem Gehirn existiert.« Sie finden den Stillen Meister in Ihrem Geist, der Ihre Gedanken und Gefühle beherbergt. Sie sind Ihr wahres Selbst, wenn Ihre Gedanken und Gefühle von der Reinheit

Ihres Bewußtseins des Stillen Meisters herrühren und nicht von den vielen einengenden Überzeugungen, die Sie als Ihr ›Selbst‹ bezeichnen.

Ihr Stiller Meister ist Ihr ursprüngliches Selbst, das bereits existierte, bevor Sie anfingen, Ihre Charakterzüge herauszubilden. Dieses reine Selbst ist Ihr Geist, und sowie Sie sich auf diesen Teil von Ihnen einstimmen, werden Sie sich einiger einfacher Wahrheiten bewußt werden. Lassen Sie uns auf einige dieser Wahrheiten näher eingehen.

Sie bringen die Qualitäten Ihres Stillen Meisters zum Ausdruck

Ihr Bewußtsein des Stillen Meisters ist reine schöpferische Energie. Weil es Ihr Geist ist, verfügen auch Sie über schöpferische Energie. Ihr Stiller Meister bringt Ideen hervor und wandelt sie in physische Formen um. Wenn Sie also diese Ideen hegen, werden Sie zusammen mit dem Leben ein Mitschöpfer sein und mit Ihrem Geist helfen, diese Ideen Gestalt werden zu lassen. Weil Ihr Stiller Meister reine Liebe ist, sind seine Ideen weder schädigend oder verletzend noch zerstörerisch. Sie sind von Natur aus eins mit dieser Liebe und können Ideen haben, die mit Gefühlen der Freude, des Friedens und der Harmonie gestalten und erschaffen.

Ihr Stiller Meister ist nichts Geheimnisvolles und auch nichts Abwegiges. Er ist Ihnen so nahe wie Ihr eigener Geist, weil er Ihr Geist ist. Bei der Selbstentdeckung beginnen Sie zu unterscheiden, welche Ideen von Ihrem Stillen Meister und welche Ideen von Ihrem eingeschränkten Selbstbild stammen. Sie können wählen, ob Sie Formen erschaffen möchten, die wahres Glück und wahre Erfüllung bringen, oder Formen, die mit Selbstbeeinträchtigung und Selbstzerstörung enden.

Zum Beispiel ging einer meiner Schüler einer schlecht bezahlten Arbeit in einer Fabrik nach, die ihn langweilte und unglücklich machte. Als ich ihn fragte, warum er dort sei, erwiderte er, daß er nicht das tun konnte, was er sich gewünscht habe. Mit dieser Überzeugung war er sogar zu ängstlich, um etwas anderes auszuprobieren. Es stellte sich heraus, daß sein Wunsch – Arbeit am Computer – lediglich eine Fachausbildung erforderte, die er nicht hatte.

Seine Überzeugung, daß er nicht das tun konnte, was er sich gewünscht hatte, war nichts weiter als eine einschränkende Überzeugung. Indem er diese Angst untersuchte und hinterfragte, war er imstande zu beweisen, daß sein wahres Selbst bei weitem nicht so eingeschränkt war wie sein Selbstbild. Nachdem er die Ausbildung abgeschlossen und einen Vorgehensplan aufgestellt hatte, konnte er schließlich den Arbeitsplatz und das Gehalt bekommen, die seinen Wünschen entsprachen. Innerhalb weniger Jahre – und nach viel harter Arbeit – stieg sein Gehalt von 18 000 auf 70 000 Dollar. Aber noch wichtiger war, daß er dabei das Selbstvertrauen und die Selbstachtung gewann, die ihm gefehlt hatten. Seine Auffassung von sich selbst hatte sich verändert. Sein Selbstbild hatte sich verändert. Dadurch, daß sich seine Ansicht über sich selbst geändert hatte, vermochte er seine Ideen anderen Personen besser zu vermitteln, die jetzt ganz anders, mit mehr Respekt, auf ihn eingingen. Das ist ein gutes Beispiel dafür, wie Selbstentdeckung zur Freiheit führt.

Vielleicht fragen Sie sich: Wenn mein Stiller Meister – mein wahres Selbst – bereits das ist, was ich bin, warum weiß ich nichts von ihm? Warum ist mein Leben nicht automatisch vollkommen und glücklich?

Weil Sie einen freien Willen haben, können Sie sich von der Wahrheit abwenden und jede Idee in sich tragen, die Sie sich in Ihrem Bewußtsein wünschen. Ihr freier Wille erlaubt Ihnen, in jeder Umgebung zu bleiben, wenn Sie es wünschen, sogar in einer, die Ihnen Schaden zufügt. So war der gerade erwähnte Schüler frei zu glauben, daß er den Beruf nicht haben könne, den er sich wünschte, und er war frei, einer langweiligen, einschränkenden Beschäftigung nachzugehen, bei der er seine wahren Fähigkeiten nicht einsetzen konnte. Aber er war auch frei, diese Überzeugung zu ändern und seine wahren Begabungen zur Entfaltung zu bringen, und genau das tat er.

Ihre eigenen Gedanken
können Ihr schlimmster Feind sein

Woran denken Sie die meiste Zeit? Trifft es nicht zu, daß wir uns überwiegend auf unser physisches Selbst und unser physisches Leben konzentrieren? An ein spirituelles Selbst zu denken, das außerhalb der Belange Ihres physischen Lebens liegen soll, kann unpraktisch und unrealistisch erscheinen. Aber wenn wir verstehen, daß dieses spirituelle Selbst die schöpferische Energie hinter unserem Leben ist, dann können wir zu einer anderen Einstellung gelangen!

Die Entdeckung Ihres Stillen Meisters läßt Ihnen eine Kraft zuteil werden, mit der Sie Ihr Leben gestalten und Ihre Welt erschaffen können, eine Kraft, die weit über Ihre körperlichen Kräfte hinausgeht. Dabei können Sie Veränderungen in der Hinsicht erzielen, daß Sie sich nicht mehr passiv, verwundbar und träge fühlen, sondern voll Freude, frei und schöpferisch.

Die meisten von uns sind von ihren physischen Beschäftigungen – mit Ehe, Arbeit, Kindererziehung, Politik, Abendnachrichten, Wirtschaftslage usw. – derart in Anspruch genommen, daß sie nicht vom Standpunkt der Selbstentwicklung, geschweige denn Selbstentdeckung, aus denken. Wenn wir nicht einsehen, daß wir für die Schaffung unserer Umgebung verantwortlich sind, dann fühlen wir uns wohl auch nicht motiviert, die Verantwortung für die Qualität unseres Denkens zu tragen. Vielleicht haben wir das unbestimmte Gefühl, daß die Welt nur ›dort draußen‹ ist, und wir tun unser Bestes, um gerade eben zu überleben. Vielleicht fühlen wir uns isoliert, unwichtig und gespalten und glauben, daß wir keine wirkliche oder bedeutsame Rolle in der Welt spielen. Manchmal muß erst ein Unglück passieren oder eine Krankheit auftreten, bis wir motiviert sind, uns eingehender damit zu beschäftigen, wer wir in Wirklichkeit sind und was wir zustande bringen können.

Im Grunde geht unsere Selbstentdeckung in jedem Augenblick vonstatten, ob wir das nun erkennen oder nicht. Ob wir nun mit einem Unglück oder einer Krankheit konfrontiert werden oder nicht, jede Minute in unserem Leben ist eine Art Selbstentdeckung. Der Grund dafür ist der, daß alles, was Sie in jeder Minute denken, sagen und tun, Ihre gegenwärtige Vorstellung von Ihnen selbst widerspiegelt. *Ihr Leben ist ein Bild dessen, wer Sie zu sein glauben.* Wie überaus wichtig ist es dann zu wissen, wer Sie wirklich sind!

Körper, Geist und Seele sind eins

Die Übersetzung von *Jung SuWon* lautet ›Körper, Geist und Seele als Einheit‹. Diese Vorstellung von Einheit steht hinter einem der Grundelemente der Jung-SuWon-Lehre, nämlich:

Das beste materielle Selbst, das Sie sein können,
ist immer ein Bild von
Ihrem wahren Selbst,
Ihrem reinen spirituellen Wesen.

Ihr materielles Selbst ist eine Widerspiegelung Ihres wahren Selbst, weil sie ein und dasselbe sind. Weil Sie dieses Buch lesen, haben Sie höchstwahrscheinlich beschlossen, die Wahrheit über sich selbst und Ihr Leben herauszufinden. Ich werde Ihnen Methoden vorstellen, mit denen Sie Ihren Geist reinigen und stärken können, so daß er die von Ihnen gewünschten Formen auf die reinste und beste Weise hervorbringt.

Ihr Körper und all Ihre Erfahrungen werden durch Ihre Gedanken und Emotionen beeinflußt. Je reiner und aufrichtiger Ihre Gedanken und Emotionen Ihr Bewußtsein des Stillen Meisters widerspiegeln, um so wirkungsvoller können Sie auf jegliche einengenden Faktoren oder Hindernisse reagieren. Sie werden lernen, die Kraft Ihres Geistes zu gebrauchen, so daß Sie Entscheidungen treffen und Schritte unternehmen können, die zu den Veränderungen und Verbesserungen führen, die Sie in Ihrem Körper und Ihrer Umgebung sehen möchten.

Die sieben Schritte zur Selbstentdeckung

Wenn Ihr Leben nicht mit Dingen erfüllt ist, die so rein und wahr sind, wie Sie es möchten, dann seien Sie versichert, daß selbst diese negativen Bilder einem Zweck dienen. Das Negative in Ihrem Leben zeigt Ihnen einfach, wo Ihr Denken korrigiert werden kann, wo Ihre Überzeugungen überprüft werden müssen und wo Sie positive Schritte unternehmen können, um Ihre Umgebung zu ändern. Jede Disharmonie, jede Krankheit, jede Einschränkung, jedes Unglück und jede Katastrophe bietet Ihnen Gelegenheit, sich für die Wirklichkeit Ihres wahren Selbst zu öffnen, sich an Ihr allgegenwärtiges Bewußtsein des Stillen Meisters in Ihnen anzuschließen. Es ist eine Gelegenheit, die Reise zur Entdeckung Ihres wahren Selbst anzutreten.

Und was sind die Ziele dieser Reise? Die Entdeckung von Frieden und Freude, die Entdeckung von innerer Kraft, Heilung und Freiheit. Welcher Weg sich Ihnen auch immer auftut – wenn Sie die Entscheidung treffen, Ihr wahres Selbst zu entdecken, führt er Sie zum Ziel der Freiheit.

Sieben Eigenschaften – oder Prinzipien – bilden die Grundlage des Weges zur Selbstentdeckung. Diese Prinzipien sind für alle Menschen gleich, gleichgültig, welchen Verlauf Ihr Weg nimmt oder welche Voraussetzungen Sie entwickeln. Sie bilden die Grundlage für jegliche schöpferische Kraft. Diese Eigenschaften sind: *Körper und Geist als Einheit, Wahrheit, Reinheit, Liebe, Loyalität, Opfer und Geduld.* Sowie Sie diese Eigenschaften entwickeln, lassen Sie Ihr Bewußtsein des Stillen Meisters auf alle Aspekte Ihres Lebens

einwirken. Ihr Bewußtsein des Stillen Meisters ist eine Trieb-
kraft und ein Gestalter, und weil Sie eins sind mit diesem
Bewußtsein, haben Sie die Freiheit, Ihr Leben umzugestal-
ten oder umzuwandeln.

Zunächst arbeiten wir daran, *Körper und Geist als Einheit* hervorzubringen, damit wir uns dem Lernen widmen
und uns darauf konzentrieren können. Wir sind oft so abgelenkt und unkonzentriert – um uns der Selbstentdeckung
widmen zu können, müssen wir bei dieser Arbeit unser ganzes Wesen vereinen.

Unser zweiter Schritt nach innen ist die Suche nach der
Wahrheit in uns und in der Welt um uns herum. Wir untersuchen, wer wir wirklich sind, und nicht, wer wir nach Meinung anderer sind. Diese Selbstbeobachtung hilft uns,
sowohl unsere Stärken als auch unsere Schwächen zu entdecken. Sie ermöglicht uns außerdem, unsere wahren Ziele
herauszufinden. Indem wir einen Einblick darein gewinnen,
wer wir sind, entdecken wir die Dinge, die wir ändern wollen, um derjenige zu werden, der wir sein wollen.

Der dritte Schritt ist *Reinheit.* Sowie wir unsere Ängste
und Schwächen erkennen, entwickeln wir den Wunsch, diese Unreinheiten zu beseitigen. Unser Ziel ist es, unseren Körper, unseren Geist und unsere Seele von den Fesseln zu befreien, die wir ihnen durch unseren Lebensstil, unsere
Einstellungen und unsere Umgebung angelegt haben.

Beim vierten Schritt lernen wir, uns mit einer reinen, an-
nehmenden und spirituellen *Liebe* zu lieben. Wir bauen auf
uns – überwinden unsere Schwächen, entwickeln unsere
Stärken und entdecken unser Potential. Sobald wir uns selbst
mit unserem geistigen Auge betrachten, bildet sich in uns ein
stärker werdendes Gefühl für Schönheit und Akzeptanz heraus, das schließlich zu innerem Frieden und innerer Zufriedenheit führt.

Diese Liebe zu uns selbst erhöht unseren Selbstwert und
läßt unsere Ziele und unsere Entwicklung zu Prioritäten werden, so daß wir *Loyalität* uns selbst und unserem Wachs-

tum, unseren Überzeugungen, unseren Absichten und unserem Weg gegenüber entwickeln.

Opfer ist das sechste Prinzip in unserem Leben; es bedeutet, auf unnötige Tätigkeiten zu verzichten und Entscheidungen darüber zu treffen, wofür wir unsere Energie, unsere Zeit und unser Geld anlegen, so daß wir unsere Ziele erreichen. Uns wird klar, daß viele der Dinge, von denen wir ursprünglich dachten, sie würden einen großen Verzicht darstellen, sich als Zerstreuungen entpuppen, die uns von unseren höchsten Zielen ablenken.

Schließlich entwickeln wir *Geduld.* Durch den Wachstumsprozeß der Selbstentdeckung werden wir geduldiger mit uns selbst und anderen. Wir lernen, mit dem Weg, den wir auswählen, mit unserer Richtung und unserem Fortschritt zufrieden zu sein. Wir hören auf, für morgen zu leben, sondern erleben und genießen die Reise im Jetzt, trotzen den unangenehmen Überraschungen und Enttäuschungen des Lebens und leben weiterhin mit unserer Richtung und uns selbst im Frieden.

Wenn Sie sich unerfüllt, nicht am richtigen Platz oder im allgemeinen unglücklich fühlen, könnte Ihre Disharmonie Ihnen mitteilen, daß Sie nicht auf dem richtigen Weg sind. Viele Gründe können dabei eine Rolle spielen, warum Sie einen Pfad im Leben eingeschlagen haben, der Sie von Ihrer wahren Absicht abbringt, statt Sie dorthin zu führen. Aber die Wahrheit und die Absicht Ihres Seins sowie alle geistigen, emotionalen und physischen Werkzeuge, die Sie zum Handeln benötigen, sind in diesem Augenblick in Ihrem Bewußtsein des Stillen Meisters vorhanden. Das Wissen, wer Sie in Wirklichkeit sind, steht Ihnen in diesem Augenblick zur Verfügung. Hier und jetzt, in dieser Minute, können Sie den Entschluß fassen, sich Ihrem wahren Selbst zu verschreiben, Ihre wahre Kraft, Ihre wahre Absicht und Ihr wahres Leben zu finden.

Manchmal müssen große, durch die Umwelt in den Weg gestellte Hindernisse überwunden werden, wenn man die

Entdeckung seines wahren Selbst anstrebt. Wenn das bei Ihnen der Fall ist, müssen Sie möglicherweise schwer daran arbeiten, diese Hindernisse aus dem Weg zu räumen. Selbstentdeckung ist nicht unbedingt leicht, aber Schwierigkeiten sind kein Grund für die Aufgabe seiner Ziele. Welche Rolle spielt es, ob es schwierig ist, Hindernisse zu überwinden? Wenn Sie Ihr Ziel erreichen, gehören die Schwierigkeiten der Vergangenheit an, und Sie genießen Ihren Erfolg.

Ich mußte jahrhundertealte Vorurteile gegen Frauen in meinem Land überwinden, nur um mein Leben den Kampfkünsten widmen zu können. In meinem koreanischen kulturellen Umfeld war es für eine Frau unmöglich, Kampfsportmeisterin, geschweige denn Großmeisterin, zu werden. Von Frauen wurde erwartet, daß sie kochten, nähten und sich um die Kinder kümmerten. Der Druck, sich diesem ›Gesetz‹ anzupassen, war enorm. Aber ich hörte nicht darauf, sondern richtete meine ganze Energie auf meine Ziele. Ich hatte Erfolg. Als ich in die Vereinigten Staaten kam, mußte ich noch mehr Hindernisse überwinden – mußte lernen, in einem anderen Land zu leben und meine Schule zu gründen. Aber erneut arbeitete ich daran, bis ich Erfolg hatte. Und heute verfolge ich noch mehr Ziele und werde demzufolge auch mit mehr Hindernissen konfrontiert. Aber mein Verständnis von Jung SuWon hilft mir, mein Leben zu gestalten, und es hilft anderen, sich durch die Anwendung dieser Prinzipien zu entfalten.

Die vier Stufen der Selbstentdeckung

Selbstentdeckung geschieht in jedem Augenblick Ihres Lebens. Die Frage ist nur: Sitzen Sie auf dem Fahrersitz? Das heißt, steuern Sie den Prozeß, so daß Sie ein Selbst entdecken, das über Freiheit, Energie und Liebe verfügt? Oder entdecken Sie jeden Tag ein immer eingeschränkteres Selbst?

Ich habe gelernt, daß es vier Grundstufen in der Entdekkung des eigenen wahren Selbst gibt. Diese Stufen können immer wieder aktuell werden, während Sie wachsen und auf höhere Ebenen der Selbsterkenntnis emporsteigen. Wenn ein Baum wächst, bringt er dann nicht mehr als einen Zweig hervor? Bis zu einem gewissen Grad können sich die Stufen überschneiden oder sich gleichzeitig präsentieren. Aber um der Erörterung willen werden wir sie getrennt besprechen, damit die wichtigsten Herausforderungen der einzelnen Stufen verständlich werden.

Ich nenne die vier Stufen der Selbstentdeckung Bereitschaft, Energetisieren, Lebensanalyse und Wiedergeburt. Da sie in den folgenden Kapiteln ausführlich behandelt werden, sollen sie zunächst nur definiert werden.

1. Bereitschaft

Es gibt eine Geschichte über einen Hasen, der im Wald in ein tiefes Loch fiel. Er mühte sich ab, aus dem Loch herauszukommen, und sprang immerzu auf und ab, aber es gelang ihm nicht. Viele Tiere des Waldes kamen herbei und sahen ihm dabei zu. Der Hase tat ihnen leid, und sie bekundeten jede Form der Sympathie und Teilnahme. Aber das war natürlich keine Hilfe. Schließlich gingen sie alle fort.

Als sie am nächsten Tag wiederkamen, um dem Hasen bei seinen Anstrengungen wieder zuzusehen, saß er ruhig neben einem Baum, der das Loch bedeckte. »Du bist ja herausgekommen!« riefen sie erstaunt aus. »Wie hast du das geschafft?« – »Nun«, erwiderte der Hase, »dieser große Baum stürzte direkt über dem Loch um, und da *mußte* ich eben irgendwie rauskommen.«

Und genauso sind viele von uns nicht bereit, ihr spirituelles Wesen zu entdecken, bis sie spüren, daß sie es tun müssen. Vielleicht befällt Sie plötzlich eine lebensbedrohliche Krankheit, oder Sie erleiden einen Verlust. In solchen Zeiten empfinden Sie im allgemeinen das Bedürfnis, einen Weg zur Meisterung der Situation zu finden und nach einem tieferen Sinn des Lebens zu suchen. Von Natur aus wenden Sie sich nach innen und suchen und horchen nach einem Gefühl des Wahren und Wirklichen. Dieses Gefühl ist Ihr wahres Selbst, es ist Ihr Bewußtsein des Stillen Meisters.

Aus diesem Grund kann sich ein Unglück im nachhinein als Segen herausstellen. Es führt Sie Ihrem wahren Selbst zu, wo Sie nicht nur Heilung, sondern auch in zunehmendem Maße Ihr unentdecktes Potential finden.

Welcher Beweggrund Sie auch zu der Suche nach Ihrem wahren Selbst veranlaßt, Sie müssen zu vier Dingen willens sein, wenn Sie bereit sind, Ihr wahres Selbst zu suchen und zu finden. Sie müssen

– willens sein, sich zu verpflichten,
– willens sein, sich zu verändern,
– willens sein, unvoreingenommen zu sein,
– willens sein, zu handeln.

Verpflichtung

Das folgende Beispiel bringe ich in Gesprächen mit Schülern ein, damit ihnen verständlich wird, wie wichtig es zu Beginn ihrer Reise ist, sich zu verpflichten und Prioritäten zu setzen:

Stellen Sie sich vor, Sie hätten sich allein in einer glühendheißen Wüste verirrt. Die Sonne brennt auf Sie herunter, während Sie sich mühsam durch den heißen Sand schleppen. Seit Tagen laufen Sie schon, haben nichts zu essen und nur wenig Wasser dabei, und Ihr Körper ist von der Erschöpfung und der Anstrengung geschwächt. Hitzewellen steigen vor Ihnen auf und trüben Ihre Sehkraft, und überall um Sie herum ist nur heißer Sand.

Was geht in Ihnen vor? Woran denken Sie? Machen Sie sich immer noch Gedanken darüber, in welcher Farbe Sie Ihre Küche streichen wollen?

Höchstwahrscheinlich wird Ihr Denken nur noch von

einem Gedanken beherrscht, und zwar von dem, das zu bekommen, was Sie zum Überleben brauchen: Wasser. Sie haben Wasser dringend nötig. Nur dieser Gedanke hält Sie aufrecht und läßt Ihre Füße durch den glühendheißen Sand stapfen. Was auch immer Sie sich in anderen Zeiten in Ihrem Leben gewünscht haben, verblaßt neben diesem einzigen Ziel.

Von all Ihren Gedanken ist nur noch einer übriggeblieben, der Gedanke an Ihren überwältigenden Durst, an das dringende Bedürfnis nach der einen Substanz, die Ihr Leben retten wird. Was sind Sie willens zu geben, um es zu bekommen? Was sind Sie willens zu opfern, um es zu bekommen? Sind Sie nicht entschlossen, in diesem Augenblick all Ihre Ressourcen darauf zu verwenden, an Wasser zu kommen – die Substanz, die Ihr Leben retten wird?

Plötzlich gelangen Sie an eine Stelle, wo der Sand dunkler, härter und fester ist als zuvor. Voll Freude schlägt Ihr Herz schneller, während Ihr Geist die Möglichkeit in Betracht zieht, hier Wasser zu finden. Sie fallen auf die Knie und graben immer tiefer, wobei sich Ihre Finger aufscheuern und bluten. Dann wird der Sand feucht, und Sie fühlen einen inneren Energiestoß, den Sie nicht für möglich gehalten hätten. Mit neuer Kraft graben Sie schneller und angestrengter, bis Sie das kühle Naß an Ihrer Hand spüren, und Sie nehmen es und spritzen es sich schnell in den ausgetrockneten Mund.

Diese Geschichte stellt anschaulich dar, wie sich Prioritäten bilden. In einer solchen Situation sind Sie vollkommen auf das konzentriert, was Sie wollen und was Sie brauchen – das meine ich mit Verpflichtung. Befinden Sie sich augenblicklich in einer Art Wüstensituation in Ihrem Leben? Gibt es Situationen in Ihrem Leben, die sich Lösungen hartnäckig widersetzen? Dann werden Sie mit derselben Verpflichtung wie die Person in der Wüste nach der Lösung suchen müssen.

In Ihrer Vorstellung waren Sie dem Ziel, Wasser zu finden, ganz und gar verpflichtet. Und so fanden Sie es auch! Haben Sie bei der Suche an den Pizzastand gedacht? Oder an Ihre Freundin oder Ihren Freund? An den Film, den Sie vergangene Woche gesehen haben? Nein, Sie hatten keine Ablenkungen, sondern nur die Verpflichtung, Wasser zu finden, und die Ausdauer, bis zum Ziel weiterzugehen.

Wenn Sie sich entschließen, Ihr wahres Selbst finden zu wollen, werden Sie sich in derselben Weise dazu verpflichten müssen. In Ihrer Vorstellung wurde Ihnen Ihre Verpflichtung zur Wassersuche durch äußere Umstände aufgezwungen. Wie der Hase in der Geschichte aus dem Loch herauskommen mußte, mußten Sie Wasser finden, denn sonst wären Sie umgekommen! Obwohl dieses Beispiel übertrieben zu sein scheint, kann Ihr Bedürfnis, Ihr wahres Selbst kennenzulernen, ebenso ausgeprägt sein. Auch wenn Sie nicht einer lebensbedrohlichen Situation ausgesetzt sind, die nur durch die Kraft Ihres wahren Selbst abgewendet werden könnte, wäre es eine furchtbare Verschwendung, wenn Sie Ihr Leben verstreichen lassen würden, ohne Ihr volles Potential erkannt zu haben.

Veränderung

Nachdem Sie sich verpflichtet haben, müssen Sie in einem nächsten Schritt willens werden, sich zu verändern. Sie müssen willens sein, eine neue Person, eine andere Person zu werden. Und Sie müssen willens sein, alte Selbstbilder aufzugeben, auch wenn Ihre neuen Eigenschaften noch nicht zu sehen sind. Erst wenn die Herbstblätter gefallen sind, kann der Frühling neues Wachstum bringen. Der Tod des Alten ist notwendig, damit man sich auf das Neue vorbereiten kann.

Ich beobachte gern Kinder, weil sie uns so viel über den Prozeß des Lernens beibringen können. Sie sind konzentriert, wenn sie etwas Neues lernen, da sie jede noch so winzige Information gierig in sich aufnehmen. Warum hören wir so oft damit auf, zu lernen und zu wachsen, sobald wir erwachsen geworden sind? Warum ist es so viel schwieriger? Ist der Grund dafür nicht der, daß wir aufhören, das, was um uns herum ist, zu befragen oder zu untersuchen? Wir sind davon überzeugt, daß wir genug gelernt haben: Die Gewohnheiten, die wir erworben haben, machen uns bequem. Manche bezeichnen diese Auffassung als Bequemlichkeit, womit unsere Neigung gemeint ist, an abgenutzten, uneffektiven Einstellungen und Gewohnheiten festzuhalten, einfach weil sie uns vertraut sind. Vertraute Dinge spornen uns nicht an und erschrecken uns nicht, wie es bei neuen Situationen der Fall sein kann, so daß wir vertraute Muster eher nicht in Frage stellen. Aber der Preis, den wir für diese Vertrautheit zahlen, ist der, daß wir aufhören, Neues kennenzulernen, und statt dessen unsere alten Gewohnheiten immerzu wiederholen.

Wir weichen neuen Erfahrungen auch dadurch aus, daß wir uns als Richter über Menschen und Ereignisse aufspielen. Wir bilden uns vorzeitig eine Meinung darüber, wie etwas sein wird, statt für das Unvorhergesehene offen zu bleiben. Aber um ein neues Ich zu finden, müssen Sie all Ihre wahrgenommenen Einschränkungen und Probleme aus dem Weg räumen und sich mit neuen Augen betrachten. Sie werden sich betrachten müssen, als wäre es das erste Mal, mit den Augen eines Kindes, das etwas Neues entdeckt.

Unvoreingenommenheit

Dazu müssen Sie unvoreingenommen sein. Vielleicht müssen Sie sich sagen: »Ich weiß nicht alles darüber, was ich sein soll, aber ich weiß, was ich nicht bin, und ich möchte mein altes Selbst los sein. Ich bin willens, etwas Neues zu versuchen.«

Ich vergleiche diese Offenheit mit einem leeren Kelch. Das heißt, daß Sie willens sind, Ihren Körper und Ihr Leben als ein leeres Gefäß zu betrachten, das bereit ist, mit Neuem gefüllt zu werden. Die Bibel drückt das folgendermaßen aus:

»Niemand flickt einen Lappen von neuem Tuch auf ein altes Kleid; denn der neue Lappen reißt doch vom alten, und der Riß wird ärger. Und niemand füllt jungen Wein in alte Schläuche; sonst zerreißt der junge Wein die Schläuche, und der Wein kommt um samt den Schläuchen; sondern man soll jungen Wein in neue Schläuche füllen.« (Markus 2, 21–22)

Die Transformation Ihres Lebens bedeutet also nicht, daß Sie das Alte zusammenflicken oder instand setzen sollen. Sie bedeutet, ganz neu anzufangen. Sie bedeutet, daß Sie sich ein neues Gefäß besorgen, um Platz für das neue Ich zu schaffen. Sie brauchen einen neuen Geist und einen neuen Körper, damit Sie sich ein neues Leben erschaffen können. In meinen Kursen bringe ich manchmal einen vollen Becher Wasser mit und zeige meinen Schülern, was passiert, wenn man Wasser in einen vollen Becher gießen will. Der volle Becher läuft einfach über; er kann etwas Neues einfach nicht mehr aufnehmen.

Seien Sie wie ein großes leeres Gefäß! Lassen Sie Ihr Gefäß bereit sein, viele neue Dinge aufzunehmen. Wenn wir uns nur darauf konzentrieren, eine Perle zu suchen, übersehen wir den Diamanten zu unseren Füßen. Es ist gut, wenn Sie ein bestimmtes Ziel vor Augen haben, aber seien Sie auch willens, alle möglichen neuen Ideen, Gefühle und Visionen aufzunehmen. Wir können wirklich nur etwas Neues lernen, wenn wir vollkommen offen und aufnahmefähig sind. Die größten Hindernisse für unser Lernen sind unsere eigenen Zweifel, schlimmsten Vermutungen und selbstauferlegten einengenden Urteile.

Wie ein großes leeres Gefäß zu sein bedeutet, daß Sie willens sind, es mit allem Guten, was es auch sein mag, und nicht nur mit einer Sache zu füllen. Vielleicht treten Sie zum Beispiel Ihre Reise zur Selbstentdeckung an, um abzunehmen. Aber wenn Sie sich nur auf dieses eine Ziel beschränken, lassen Sie möglicherweise Ihr spirituelles Wachstum keine anderen Wege für Sie erschließen. Beim Abnehmen können Sie Interessen entwickeln, die Sie daran erinnern, wie gern Sie lesen. Was als eine Reise zum Abnehmen begonnen hat, könnte mit einer Entscheidung enden, der Bibliothekar zu werden, zu dem Sie bestimmt sind und der Sie immer sein wollten.

Handeln

Wenn Sie wirklich bereit sind, eine neue Person zu werden und die alte Person abzulegen, und wenn Sie akzeptiert haben, daß Sie sich notwendigerweise verändern werden, und darauf vorbereitet sind, müssen Sie etwas dafür tun. Wir haben festgestellt, daß mit guten Absichten allein keine Veränderungen herbeizuführen sind. Sie müssen handeln. Auf die eine oder andere Weise müssen Sie einen Plan in die Tat umsetzen. In Kapitel sechs werden verschiedene Schritte vorgestellt, die Sie unternehmen können, damit Sie Ihre Ziele erreichen. Auf der Bereitschaftsstufe ist jedoch der Wille zum Handeln am wichtigsten. Und vielleicht besteht der allererste Schritt auf Ihrer Reise darin, die zweite Stufe der Selbstentdeckung, das *Energetisieren,* in Angriff zu nehmen.

2. Energetisieren

Die Bereitschaftsstufe ist vergleichbar damit, sich ein leeres Blatt Papier zu besorgen, um es beschreiben zu können. Es liegt auf der Hand, daß Sie keinen vollgeschriebenen Bogen verwenden möchten. Sie sind bereit, sich auf Ihrem Weg zur Selbstentdeckung weiterzubewegen, wenn Sie offen für Entwicklung sind, ähnlich dem Verwenden eines leeren Papierbogens. Dann sind Sie auf die nächste Stufe vorbereitet: das *Energetisieren.*

Auf dieser Stufe geht es darum, daß Sie Ihre Energie unter Kontrolle bringen – sie reinigen, erhöhen und auf Ziele und Aktivitäten richten, die Ihrem Wachstum und Ihrer Entwicklung förderlich sind und nicht selbstzerstörerischen oder eingeschränkten Zwecken. Weil Sie einzigartig sind, ist es wichtig, daß Sie sich nicht mit anderen vergleichen oder unrealistische Erwartungen hegen in bezug darauf, was Sie zustande bringen möchten. In Ihnen ist bereits eine verborgene Erkenntnis der für Sie angemessenen Ziele vorhanden. Ein unrealistisches Ziel wird Sie sich ›bedrängt‹ oder ängstlich fühlen lassen, während ein realistisches Ziel ein Gefühl der Erregung und gespannten Vorfreude hervorrufen wird.

Was ist Energie? Energie ist ein Ausdruck der Lebenskraft des gesamten Universums, und Sie und die Lebenskraft sind eins. Weil Sie eins sind mit der Lebenskraft des Universums, *sind* Sie Energie. Auch die Sonne, der Wind, das Wasser und die ganze Natur sind Energie. Wenn Sie diese Energie nicht in sich finden können, gehen Sie, so oft Sie können, in die freie Natur, um sie wahrzunehmen und sich mit ihr zu verbinden. Diese Lebenskraft – diese Energie – ist Liebe in Aktion. Wenn Sie anfangen, diese natürliche Liebe in sich zu spüren, werden sich Ihre Sichtweise von der Welt und Ihre Reaktion auf sie verändern. Sie werden anfangen, eine Wärme, eine Heiterkeit und eine Begeisterung zu spüren, die Ihnen so natürlich wie der Atem entströmen.

Eines der Ziele der Selbstentdeckung besteht darin, sich an dieser natürlichen Energie der Liebe erfreuen zu können und sie mit jedem zu teilen. Aber warum empfinden wir oft einen solchen Energiemangel, wenn wir doch eigentlich eins sind mit der Lebenskraft, die hinter dem ganzen Universum steht? Die Antwort darauf lautet, daß unsere negativen Gedanken, Einstellungen und Emotionen wie Filter wirken, die diesen gewaltigen Energiestrom zu einem tröpfelnden Bach drosseln. Ein Ziel in der Jung-SuWon-Ausbildung ist, diese Filter zu reinigen – Ihr Denken und Fühlen zu reinigen –, damit die Energie ungehinderter und stärker fließen kann.

So erzählte mir zum Beispiel einer der Lehrer mit dem Schwarzen Gürtel in meiner Schule, wie sich sein Unterricht veränderte, als er begann, mit dieser natürlichen Liebe an seine Arbeit heranzugehen. Bevor er angefangen hatte zu spüren, wie seine spirituelle Energie zunahm, hatte er im

Unterricht lediglich darauf geachtet, daß die Schüler die einzelnen Bewegungen korrekt durchführten und in angemessenem Tempo lernten. Diese Dinge gehören natürlich zu einem guten Lehrer. Aber als er die natürliche Liebe in sich immer stärker spürte, ging sein Unterricht über die physische Unterweisung hinaus. Er horchte und reagierte in höherem Maße mit Bewußtheit und Feingefühl auf die besonderen Bedürfnisse und einzigartigen Gefühle der einzelnen Schüler. Er wollte nicht nur sehen, daß die Schüler die richtigen Bewegungen lernten, sondern er wollte ihnen auch helfen, ihre Schwächen zu besiegen und Selbstvertrauen und Selbstachtung auszustrahlen. Er verfolgte jeden Schritt in ihrem Wachstum mit so viel Interesse, wie er es bei seinem eigenen Wachstum tat. Kurzum, er begann, nicht nur die Schüler zu *lehren*, sondern auch zu lieben, und dadurch wurde seine Arbeit freudvoller und erfüllender als alles andere, was er je erfahren hatte.

Auf diese Weise werden Sie durch die Liebe energetisch aufgeladen. Sie verleiht Ihnen innere Freude, Begeisterung und Bewußtheit, die Ihnen helfen, Ihre Ziele zu erreichen.

Wären Sie überrascht zu erfahren, daß Sie möglicherweise Ihre Energie verschwenden, sie für Dinge aufwenden, die Ihre Ziele und Wünsche untergraben und sabotieren? Vielleicht haben Sie Gewohnheiten, die die Qualität Ihrer Energie regelmäßig schwächen. Ihre Energie ist ein schöpferisches Werkzeug: Sie darf nicht verschwendet werden.

Indem ich meine Schüler lehre, mit bloßen Füßen oder Händen Ziegelsteine zu zerbrechen, bringe ich ihnen bei, ihre Energie in positiver Weise zu kontrollieren und zu lenken. Zum Jung SuWon gehört nicht nur der Unterricht in Kampfsportbewegungen. Weil Körper und Geist eins sind, hilft dieses physische Training den Schülern auch, mit ihrer spirituellen Energie in Berührung zu kommen. Beide befinden sich immer im Gleichgewicht: Sie können keinen reinen Körper ohne einen reinen Geist haben und umgekehrt. Sie können an Ihrem Geist arbeiten, aber wenn Sie Ihren Körper ignorieren oder nicht an ihm arbeiten, wird sich das auf Sie auswirken. Wird bei einer Verletzung Ihres Körpers nicht auch Ihr Denken beeinträchtigt? Gleichermaßen werden Sie mit den Situationen des Lebens nicht umgehen können, wenn Ihre Aufmerksamkeit ausschließlich auf die Entwicklung Ihres physischen Körpers gerichtet ist und Sie Ihr geistiges Training vernachlässigen. Körper und Geist müssen immer zusammenarbeiten.

Ihr ganzes Sein – auf körperlicher, geistiger und emotionaler Ebene – ist ein Ausdruck von Energie. Wenn Sie Ihr Leben neu gestalten, transformieren oder umformen wollen, muß Ihre Energie rein und frei sein. Und sowie Sie Ihre Energie reinigen, begeben Sie sich auf die nächste Stufe, wo Sie sich mit dem Inhalt Ihres Lebens auseinandersetzen.

3. *Lebensanalyse*

Die Lebensanalyse ist die dritte Stufe der Selbstentdeckung. Auf der Bereitschaftsstufe gehen Sie zunächst die Verpflichtung ein, Ihr Leben zu verändern. Als zweiten Schritt nehmen Sie auf der energetisierenden Stufe die Reinigung und das Erhöhen Ihrer Energie in Angriff, um reine und wahre Formen in Ihrem Leben zu erschaffen. Und jetzt, auf der dritten Stufe, der *Lebensanalyse*, bestimmen Sie Ihre speziellen Ziele und legen Prioritäten fest, so daß Sie ein klares Ziel auf Ihrem individuellen Weg vor Augen haben. Sie untersuchen eingehend Ihre *gegenwärtigen* Prioritäten. Werfen Sie einen Blick auf Ihr Leben und fragen Sie sich: »Welche Bedeutung liegt in dem, was ich als mein Leben erschaffen habe?« Oder: »Bin ich mir treu? Bin ich da, wo ich sein will? Weiß ich, wer ich bin? Bin ich wirklich so, wie ich bin, oder bin ich so, wie ein anderer mich haben will?«

Nur wenn Sie eingehend untersuchen, wo Sie sind, können Sie die Qualität Ihrer Umgebung, Motive, Überzeugungen und Einstellungen beurteilen. Sie können erst dann etwas verändern, wenn Sie genau festlegen, was einer Veränderung bedarf. Die Verhältnisse in Ihrer Umgebung und die Qualität

Ihres Denkens haben Sie dorthin gebracht, wo Sie jetzt sind. Gefällt es Ihnen dort, wo Sie sind? Wenn nicht, wo haben Sie auf Ihrem Weg Kompromisse geschlossen oder sich ›verraten‹? Wie sind Sie vom Weg abgekommen? Und warum? Für welche Einflüsse waren Sie empfänglich, statt auf das verborgene wahre Wissen Ihres Bewußtseins des Stillen Meisters zu hören? Nur wenn Sie aufrichtig dahin sehen, wo Sie jetzt sind, können Sie einen guten Plan entwerfen, um eine andere Richtung einzuschlagen. Eine sorgfältige Einschätzung wird Ihnen helfen zu erkennen, wo Sie einen Umweg gemacht haben, zu bestimmen, wohin Sie jetzt gehen möchten, und zu planen, wie Sie dorthin gelangen. Das heißt, Sie werden sich neue Beweggründe, Ideen und Einstellungen aneignen, die ein neues Selbstbild und höchstwahrscheinlich eine neue Umgebung fördern. Unterschätzen Sie bei Ihrer Lebensbetrachtung nicht den Einfluß der Umgebung (Arbeit, Beziehungen, Familie usw.), in der Sie gegenwärtig leben. In welchem Grad spricht Ihre Umgebung lauter zu Ihnen als Ihre eigenen inneren Wünsche? Fördert Ihre Umgebung die Bewußtheit Ihrer Stärken oder werden Sie von ihr unterdrückt? Sie können nicht voraussetzen, daß jeder, den Sie kennen – ob Sie ihn nun als Freund oder Feind empfinden –, will, daß Sie sich so verändern, wie Sie es möchten.

Ihnen steht immer Hilfe zur Verfügung, aber die Hilfe, die Sie brauchen, ist vielleicht da, wo Sie jetzt sind, nicht leicht zu finden. Ihre Umgebung und bestimmte Personen darin müssen vielleicht verschwinden oder modifiziert werden, damit Sie sich verändern können. Wenn das auf Sie zutrifft, ist es wichtig, daß Sie nicht verzweifeln oder überstürzte Schritte unternehmen, ohne die Sachlage klar und gründlich durchdacht zu haben. Nicht jeder, der Ihnen Hilfe verspricht, kann sie Ihnen auch geben. Wenn Sie an diesem Punkt angelangt sind, können Ihnen die Werkzeuge der Meditation, der Konzentration und der Visualisierung (auf die wir im dritten Kapitel näher eingehen werden) helfen, zur rechten Zeit weise zu handeln.

Die Lebensanalyse ist die Phase im Selbstentdeckungsprozeß, in der Sie anfangen, sich *neu zu definieren*. Nachdem Sie untersucht haben, wie Sie Ihr Ziel verfehlt haben könnten, mobilisieren Sie jetzt Ihre innere Kraft, um Ihr Leben neu zu gestalten. Alle Ihre schlechten Erfahrungen können als Feedback dienen; sie sind der Dünger, der Sie befähigt, stark zu werden.

Fehler können unsere guten Freunde sein, wenn wir sie als Feedback in einem Lernprozeß verstehen. In unserer westlichen Gesellschaft haben wir schreckliche Angst vor Fehlschlägen. Oft glauben wir, daß Fehler unheilvolle Charaktermängel offenbaren. Aber wenn wir Fehler machen, ist das ein sicheres Zeichen dafür, daß wir lernen. Einer der Wege, auf denen wir lernen, was richtig ist, besteht darin, zu lernen, was falsch ist. Solange wir versuchen, produktiv zu wachsen und die Lektionen, die wir lernen, anzuwenden, werden unsere Fehler uns sicherlich zum Erfolg antreiben. Alexander Graham Bell, Albert Einstein, Thomas Edison, Abraham Lincoln und die meisten anderen Persönlichkeiten, die etwas Bedeutsames vollbracht haben, hatten viele Mißerfolge, bevor sie erfolgreich waren. Aber sie lernten auch, bevor sie Erfolg hatten, so wie es bei Ihnen sein wird. Durch Ihre Erfolge und Mißerfolge werden Sie schließlich dahin geführt, Ihren Weg zu wählen und Ihr Schicksal in die Hand zu nehmen.

Wenn Sie Ihr Leben gründlich analysiert und bewertet und den Entschluß gefaßt haben, derjenige zu werden, der Sie in Wirklichkeit sind, dann sind Sie für die nächste Stufe, die Wiedergeburt, bereit.

4. Wiedergeburt

Wenn Sie die Stufe der *Wiedergeburt* erreichen, haben Sie sich bereits zur positiven Veränderung Ihres Lebens (Bereitschaft) verpflichtet, viel Arbeit erledigt, um Ihren Geist und Ihren Körper zu reinigen (Energetisieren), und sich wahre Ziele gesetzt (Lebensanalyse). Jetzt setzen Sie das Ganze als

Ihre neue Lebensweise in die Tat um. Wiedergeburt bedeutet im Grunde, daß Sie Ihre eigene Neudefinition *leben*. Statt sich im Leben treiben zu lassen und mit begrenzter Wahrnehmung zu agieren und zu reagieren, leben Sie jetzt mit der bewußten Kenntnis von Ihrer Verbindung zu Ihrem Bewußtsein des Stillen Meisters. Sie werden jetzt Ihr eigener Arzt und Chirurg sein und Ihr neues Selbst vorsichtig auf die Welt bringen, indem Sie unentwegt die erstickenden, unterdrückenden Gedanken und Gefühle Ihres alten Selbst entfernen.

Wiedergeburt ist keine einmalige und abgeschlossene Angelegenheit, sondern ein fortwährender Prozeß, eine tägliche Praxis, die Ihr ganzes Leben lang andauert. Während Sie sich auf dem Weg Ihres Lebens weiterbewegen, werden Ihnen ständig Veränderungen bewußt gemacht, die Sie vornehmen müssen, und Sie werden ständig wiedergeboren, sobald Sie diese Veränderungen vorgenommen haben.

Sie werden immer bestrebt sein, sich selbst unvoreingenommen zu analysieren, wie ein Arzt, der einen Patienten zum ersten Mal untersucht – indem er die Symptome studiert, versucht, Einblick in die Ursache der Beschwerden zu gewinnen, und die angemessene Behandlung verordnet. Nur wenn Sie bereit sind, ständig Ihre Schwächen zu untersuchen, können Sie auch dauerhaft etwas gegen sie unternehmen. Das wird dann zu einer Lebensweise, und dieser Prozeß erfordert die Schritte zur inneren Kraft der Liebe und der Loyalität – Liebe zu Ihrem wahren Selbst und Loyalität Ihren Zielen gegenüber.

Liebe und Loyalität sind wichtig, denn wenn Sie tatsächlich anfangen, Ihr Bewußtsein des Stillen Meisters zu leben, werden mit Sicherheit neue Herausforderungen auf Sie zukommen, die Ihr Pflichtgefühl prüfen. Je höher ein Baum sich der Sonne entgegenstreckt, um so länger ist der Schatten, den er wirft. Je größer Ihre Leistung, um so schwieriger die Prüfungen, die auftauchen. Manche Herausforderungen auf dieser Stufe können genauso negativ erscheinen wie bestimmte Erfahrungen, die Sie gemacht haben, bevor Sie um Ihren Stillen Meister wußten. Aber jetzt wird es anders sein, weil Sie wissen, daß Sie kein Opfer sind. Jetzt wissen Sie, daß Ihr wahres Selbst größer und mächtiger ist als alles, was Ihre natürliche Freude oder Freiheit wegzunehmen droht.

Das ist die Art des Neuen und der Aufregung und der Entdeckung, zu deren Erfahrung Sie geboren wurden. Das Leben ist magisch in dem Sinn, daß es sich jeden Augenblick auf eine neue Art entfaltet und sich blitzschnell in eine neue, unerwartete Richtung bewegt, je nach Ihrem Brennpunkt. Aber das Leben ist auch eine Wissenschaft, die Sie erlernen können, um es sorgfältig und verständnisvoll zu handhaben und zu genießen. Die Wiedergeburt in Ihre wahre Identität ist ein belebendes Ziel. Für den Gewinn lohnt sich jede Anstrengung.

Eine der Äußerungen, die ich viele Male von den Leuten höre, mit denen ich arbeite, ist die, daß sie sich allein, isoliert oder abgesondert fühlen. Wenn Sie sich allein und unerfüllt fühlen, versuchen Sie wahrscheinlich, die Kopie einer anderen Person zu sein oder den Erwartungen anderer zu entsprechen. Oder vielleicht versuchen Sie, sich selbst in einer anderen Person zu finden, sich hinter einer stärkeren Persönlichkeit zu verbergen, statt Ihr eigenes starkes und einzigartiges Selbst zu finden.

Aber Ihr wahres Selbst empfindet sich als ganz und vollständig, ob Sie nun allein sind oder nicht. Die wahre Bedeutung des Wortes ›allein‹ ist *all-eins*. Wenn Sie eins sind mit Ihrem wahren Selbst, eins sind mit Ihrem Bewußtsein des Stillen Meisters, dann sind Sie eins mit dem Universum, eins mit *allem, was ist*. Wenn Sie Ihr wahres Selbst spüren, fühlen Sie sich in der Ganzheit der Dinge beruhigt, aber Sie wissen auch, daß Sie ursprünglich und einzigartig sind. Auch wenn Sie sich als isoliertes, besonderes Individuum empfinden, fühlen Sie sich doch nicht leer und unerfüllt. Sie fühlen sich wahr und rein und gut und ganz. Und was am wichtigsten ist, Sie fühlen sich begeistert, schöpferisch und voll Freude. Das ist der natürliche Zustand Ihres wahren Seins.

Wenn Sie wirklich bereit sind, diesen Aspekt Ihres Seins zu finden und die Fülle Ihres Potentials zu erkennen, werden Sie den Prozeß der Selbstentdeckung einleiten. Ich achte Sie. Ich respektiere Sie. Aus diesem Grund teile ich mit Ihnen die Lehren des Jung SuWon. Auch wenn Sie und ich diese Reise gemeinsam antreten können, wird es dennoch Ihre Reise sein. Ich kann mit Ihnen meine Erfahrungen, meine Lehren, meine Hoffnungen und Erwartungen in bezug auf Ihr erfolgreiches Resultat teilen, aber es bleibt immer Ihre Reise, Ihre Verpflichtung, Ihre Ausdauer, Ihr Ziel – und Ihr Gewinn!

Da alles, was Sie über Ihr wahres Selbst wissen müssen, in diesem Augenblick in Ihnen vorhanden ist, ist es mein Wunsch, Sie zu ermutigen und zu der Pforte Ihres mächtigen Seins zu führen.

Khalil Gibran beschreibt in ›Der Prophet‹ sehr schön die Individualität eines jeden einzelnen. Wir müssen die Gaben lieben, schätzen und anerkennen, die ausschließlich die unseren sind:

›Der Musiker kann euch vom Rhythmus singen, der im Weltraum ist, aber er kann euch weder das Ohr geben, das den Rhythmus festhält, noch die Stimme, die ihn wiedergibt ...

Denn die Einsicht eines Menschen verleiht ihre Flügel keinem anderen.

Und wie jeder von euch allein in Gottes Wissen steht, so muß jeder von euch allein in seinem Wissen von Gott und seinem Verständnis der Erde sein.‹*

Aber mit der Lebenskraft des Universums allein zu sein heißt, eins zu sein mit allem, was ist, und das hat gewiß nichts mit Einsamkeit zu tun. Das ist Erfüllung.

---

* Zitiert aus: Khalil Gibran: Der Prophet, Olten 1973, S. 43–44, Abdruck mit freundlicher Genehmigung des Walter Verlags, Zürich.

Meditation

In diesem Augenblick bin ich das Bewußtsein des Stillen Meisters und kann seine Ganzheit und Vollständigkeit spüren, wann immer ich das Bedürfnis danach habe. Ich sehe mich selbst wachsen. Mein Bewußtsein des Stillen Meisters ist jetzt präsent, um mir zu helfen, meinen richtigen Platz und meine richtige Absicht zu finden. Weil ich eins bin mit der Lebenskraft des Universums, kann ich spüren, wie Liebe und Energie, die bereits in mir sind, mich vorwärtsbewegen. Ich bin einzigartig und individuell, aber gleichzeitig ein Teil des Ganzen. Ich kann meine Ziele erreichen. Ich teile liebevoll und großzügig das, was ich bin, weil meine einzigartige Rolle, die ich spielen soll, notwendig ist, um das Ganze zu vervollständigen. Ich bin allein, und gleichzeitig bin ich mit dem gesamten manifesten Universum und allen anderen Individuen allein. Gemeinsam ist jeder von uns allein, und gemeinsam sind wir all-eins, und gemeinsam mit allen erfüllt jeder seine einzigartige Absicht in Harmonie und Frieden.

2.
BEREITSCHAFT: ÜBERNEHMEN SIE DIE VERANTWORTUNG FÜR IHR LEBEN

Bild III des Stillen Meisters

Sie erschaffen mit Ihren Gedanken die Wirklichkeit

Ihr Bewußtsein des Stillen Meisters weiß, daß es seinem Wesen nach immateriell ist, aber es nimmt auch Gestalt an (es manifestiert sich) in Form Ihres physischen Körpers und der materiellen Welt um Sie herum. Folglich können Sie von sich sagen, daß Sie immateriell (geistig) und gleichzeitig materiell (physisch) sind.

Sie können wirklich nichts Neues lernen, wenn Sie es nicht wollen. Ich nenne den Wunsch zu lernen *Bereitschaft*. Aber auch wenn Sie aufrichtig Ihr Leben ändern möchten und sich wirklich bereit dafür fühlen, sind Sie möglicherweise überrascht, wieviel Energie diese Veränderung zunächst kostet! Aus diesem Grund werden Sie vielleicht Ausflüchte suchen, um Ihre Anstrengungen auf unbestimmte Zeit aufzuschieben. Im Rahmen Ihrer Selbstentdeckung müssen Sie auf der Bereitschaftsstufe als ersten Schritt die Verantwortung für Ihr Denken übernehmen. Jede Reaktion Ihrerseits auf Ihre Umgebung und jeder Schritt, den Sie unternehmen (oder nicht unternehmen), wird durch eine Entscheidung, Wahl oder Reaktion angetrieben, die Sie in Ihrem Denken getroffen haben. Und die wichtigsten Aspekte Ihres Denkens, für die Sie die Verantwortung übernehmen müssen, sind *Wille, Motivation* und *Einstellung*. Bei der Erörterung dieser Aspekte werde ich auf die fünf Prinzipien der Geisteshaltung eingehen, die eine wichtige Rolle beim Jung-SuWon-Training spielen. Diese Prinzipien befähigen Sie, die Verantwortung für Ihr Denken zu übernehmen, so daß Ihre geistigen Tätigkeiten Sie unterstützen und nicht sabotieren:

1. Erkennen Sie Ihre Ängste und Schwächen und überwinden Sie sie.
2. Lernen Sie aus Ihren Fehlern.
3. Werden Sie sich bewußt, daß Sie tun, handeln, leisten und schaffen können.
4. Machen Sie sich Entschlossenheit und gute Absichten zu eigen.
5. Gewinnen Sie eine positive Einstellung.

Wille

Worauf haben Sie Ihren Willen gerichtet?

Wenn Sie zu etwas Neuem bereit sind, müssen Sie gewillt sein, auf Ihr Ziel hin zu arbeiten. Gewillt sein bedeutet zweierlei: zum einen, daß Sie für neue Erfahrungen offen sind, und zum anderen, daß Sie Ihre Willenskraft einsetzen, um sich auf diese Erfahrung und auf Beharrlichkeit bis zum Erreichen Ihres Ziels zu konzentrieren. Wenn Sie Ihr Bewußtsein des Stillen Meisters entdecken wollen, müssen Sie zunächst den Willen haben, es auch zu finden. Ihr Bewußtsein des Stillen Meisters ist bereits in Ihnen, aber Sie müssen es aktiv und beharrlich suchen.

Eines der größten Hindernisse dafür, ein Ziel zu erreichen, ist meiner Meinung nach die Neigung zum Aufgeben. Es kommt vor, daß Menschen ihr Ziel kurz vor seiner Verwirklichung einfach aufgeben. In diesem Fall ist Ihre Willenskraft Ihr bester Freund. Wenn ich bei meinen Schülern sehe, daß es ihnen an Willenskraft mangelt, besonders an einem kritischen Wendepunkt, unternehme ich alles Mögliche, um sie aufzurütteln. »Nein!« sage ich. »Gib jetzt nicht auf! Das darfst du nicht! Führe zu Ende, was du begonnen hast!« Aufzugeben bedeutet eine schreckliche Verschwendung, nachdem man soviel Anstrengung investiert hat.

Ich erwähnte weiter oben, daß Sie überrascht darüber sein könnten, wieviel Energie es kostet, wenn Sie Ihr Leben ändern möchten. Da schlechte Gewohnheiten und negative Denkweisen im Laufe der Zeit an Boden gewinnen, kann nur Ihre Willenskraft sie überwinden und Ihnen einen Anstoß geben, damit Sie einen Anfang finden und auf Ihrem Weg bleiben.

Wenn Ihnen das klar wird, glauben Sie vielleicht, daß Ihre Reise zur Selbstentdeckung bereits zu Ende sei: »Ich habe keine Willenskraft«, sagen viele Menschen. Darauf entgegne ich: Doch, Sie haben sie. Tatsächlich bieten Sie Ihre Willenskraft in diesem Augenblick auf, um all Ihren gegenwärtigen schlechten Gewohnheiten nachzugehen. Niemand befiehlt Ihnen, sich zu verstecken, wenn es an der Zeit ist, neue Menschen kennenzulernen. Niemand läßt Sie bei der Prüfung durchfallen, für die Sie nicht gelernt haben. Sie allein lassen das mit der Kraft Ihres Willens geschehen. Sie müssen lediglich lernen, Ihre Willenskraft konstruktiv und positiv einzusetzen.

Ein Schock kann Ihren Willen mobilisieren

Oft wird Ihr Wille durch einen Schock automatisch mobilisiert. Aber das, was Ihrer Vorstellung nach das Schlimmste ist, was Ihnen passieren konnte, erweist sich meist als eine durchschlagende Kraft zu Ihrem Vorteil. Dann kommt das vierte Prinzip der Geisteshaltung zur Anwendung: Machen Sie sich Entschlossenheit und gute Absichten zu eigen. Wenn Ihnen etwas Furchtbares widerfährt, können Sie mit Hilfe dieses Prinzips Entschlossenheit und eine Zielsetzung entwickeln. Es steht Ihnen frei, wie Sie auf jede einzelne Situation eingehen. Sie allein bestimmen, ob sich ein Ereignis positiv oder negativ auswirken wird; es hängt von der Qualität Ihrer Reaktion ab.

Wenn uns eine schwere Verletzung zugefügt wird, neigen wir manchmal dazu, selbstzerstörerisch zu sein und Schritte zu unternehmen, die die Verletzung vergrößern und verschlimmern. Aber uns stehen auch andere Wahlmöglichkeiten zur Verfügung. Mit Hilfe unseres Bewußtseins können wir die Bedingungen in unserer Umgebung, die zu unserer Verletzung beigetragen haben, untersuchen und Schritte zu ihrer Veränderung unternehmen.

In meinem Leben half mir zum Beispiel ein durchschlagendes Ereignis in meiner Kindheit, meinen Willen zu fokussieren und eine gute Einstellung in mir für mein weiteres Leben zu prägen. Es war im Koreakrieg, und ich war erst fünf Jahre alt. Meine Freundin und ich liefen vor den Bomben davon, die überall um uns herum einschlugen. Dabei wurde meine Freundin, die genauso alt war wie ich, direkt vor meinen Augen von einer Bombe in Stücke gerissen. In diesem Alter konnte ich den Krieg und den Tod – und den Schock, den ich empfand – nicht begreifen. Aber dieses Ereignis löste in meinem jungen Geist eine starke Reaktion aus: Ich werde nie wieder weglaufen. Dieses Ereignis war der Ausgangspunkt eines neuen Lebens, in dem ich fortan danach streben wollte, die Kraft zu entwickeln, der Zerstörung gegenüberzutreten und sie zu überwinden, statt vor ihr zu fliehen.

Ich lenkte meine Willenskraft nicht in eine Reaktion der Bitterkeit und des Hasses, sondern in die Entschlossenheit, Kampfkünstlerin zu werden. Um an diesem Ziel festzuhalten, mußte ich ständig meinen Willen aufbieten, denn Frauen in meinem Land wurden in die Kampfkünste nicht einbezogen oder dabei unterstützt. Selbst als meine Mutter versuchte, mich am Training zu hindern, indem sie mich in meinem Zimmer einschloß, fand ich einen Weg, um weiterzumachen.

Überwinden Sie mit Hilfe Ihres Willens Ängste und Schwächen

Die Willenskraft wird zwar oft, aber nicht zwangsläufig durch eine Art Schock wachgerufen. Manchmal können Sie Ihren Willen einfach aus einem intensiven Wunsch heraus, stagnierende, einschränkende oder erstickende Umstände zu überwinden, aufbieten. In diesem Fall müssen Sie willens sein, nicht nur die Vergangenheit, sondern auch Ihre Ängste und Schwächen loszulassen. Ihre Ängste und Schwächen müssen verschwinden, denn sie verhindern, daß Sie sich in eine positive Richtung bewegen. Machen Sie sich das erste Prinzip der Geisteshaltung zu einer festen Lebensweise: Erkennen Sie Ihre Ängste und Schwächen und überwinden Sie sie.

Ihre Schwächen – oder schlechten Gewohnheiten – können ein solcher Teil von Ihnen werden, daß Sie anfangen zu glauben, sie *wären* mit Ihnen identisch. Kennen Sie die Geschichte vom Frosch und dem Skorpion?

Einmal wollten ein Frosch und ein Skorpion auf die andere Seite eines Flusses gelangen. Für den Frosch war das kein Problem: Er brauchte nur ins Wasser zu springen und zur anderen Seite zu schwimmen. Aber für den Skorpion war das nicht so einfach, denn ohne Hilfe konnte er den Fluß nicht überqueren.

Also bat er den Frosch um Hilfe. »Sag mal, Frosch, würdest du mich auf deinem Rücken ans andere Ufer bringen?« fragte er in vollem Ernst.

»Machst du Scherze?« antwortete der Frosch. »Du wirst mich stechen, und dann sterbe ich. Nein, ich werde dir nicht helfen.«

»Warte bitte«, bettelte der Skorpion. »Denk doch mal nach. Wenn ich dich steche, würde ich doch mit dir sterben. Warum sollte ich etwas tun, was uns beiden schaden würde?«

Der Frosch dachte nach; der Einwand des Skorpions klang plausibel. Nach langem Zögern sagte der Frosch schließlich widerwillig: »Also gut – aber du versprichst mir, daß du mich nicht stichst?«

»Natürlich verspreche ich das«, erwiderte der Skorpion und sprang glücklich auf den Rücken des Frosches. So begaben sie sich in den Fluß.

Aber nachdem sie den Fluß zur Hälfte durchquert hatten, begann der Skorpion einen unwiderstehlichen Drang tief in ihm zu spüren. Plötzlich und völlig unerwartet stach er den Frosch.

»Warum hast du das getan?« rief der Frosch wie betäubt und verblüfft aus. »Ist dir denn nicht klar, was du getan hast? Jetzt werden wir beide sterben!«

»Ich weiß«, sagte der Skorpion.

»Aber warum?« fragte der erstaunte Frosch wieder. »Warum nur?«

»Es tut mir leid, aber ich konnte nicht anders«, gurgelte der Skorpion und versank im Wasser. »Es liegt in meiner Natur.«

Warum versuchen Sie es nicht einmal mit einer anderen Be-
trachtungsweise, statt so unflexibel zu sein wie der Skorpion
und Ihre schlechten Gewohnheiten mit Erklärungen wie
›Das liegt eben in meiner Natur‹ oder ›So bin ich halt‹ zu
begründen? Lassen Sie uns für einen Augenblick voraussetzen, daß Ihre negativen Eigenschaften Selbstbilder sind, die
Sie irgendwann angenommen haben, und daß Sie mit Hilfe
Ihrer Willenskraft anfangen können, sie zu überwinden.
Wenn Sie Überzeugungen wie ›Ich bin faul‹, ›Ich bin schüchtern‹, ›Ich bin nutzlos‹, ›Ich bin schlecht‹, ›Ich bin dumm‹
haben, lassen Sie uns fragen: Was gewinnen Sie bei diesen
Überzeugungen? Wenn Sie so eisern an ihnen festhalten,
müssen Sie etwas gewinnen, von dem Sie glauben, daß Sie es
möchten. Aber gewinnen Sie dabei Glück? Erfolg? Erfüllung? Reife? Ich bezweifle wirklich, daß Sie bei diesen Überzeugungen etwas Gutes gewinnen.

Wenn Sie Ihr Leben wirklich ändern wollen, müssen Sie
möglicherweise erkennen, daß der Gewinn bei diesen Überzeugungen eine *Entschuldigung* dafür ist, gewissen Ängsten
oder Schwächen von Ihnen nicht ins Auge zu blicken. Werden Sie Ihren Willen darauf ausrichten, in die Schule zu gehen, um etwas Neues zu lernen, wenn Sie sich für faul halten? Nein, denn wenn Ihre Faulheit in Wirklichkeit eine
Angst vor Mißerfolgen ist, werden Sie sich in der Schule
nicht auf die Probe stellen lassen. Werden Sie Ihre Willenskraft einsetzen, um eine neue, erfüllendere Beschäftigung zu
suchen, bei der Sie vielen Menschen begegnen, wenn Sie sich
für schüchtern halten? Nein, denn wenn sich hinter Ihrer
Schüchternheit eine Angst davor, mit anderen Menschen zu
reden, verbirgt, werden Sie Ihre ungeliebte Arbeit behalten,
bei der Sie mit nur wenigen Menschen zu tun haben. In diesen beiden Situationen haben Sie *Angst* und sind keineswegs
faul oder schüchtern.

Aber einschränkende Gefühle sind so unnötig: Ängste können überwunden werden, Schwächen können überwunden
werden! Jedesmal, wenn Sie Ihre Willenskraft aufbieten, um

sich zu erheben und einem weiteren ›Ich kann nicht!‹ die Stirn zu bieten, machen Sie sich für einen Sieg bereit. Wenn Sie sich auf die Reise zur Selbstentdeckung begeben, beginnen Sie also auf der Bereitschaftsstufe damit, Ihre Ängste und Schwächen zu erkennen und ihnen gegenüberzutreten.

Erkennen Sie, daß ›Ich kann nicht‹ gewöhnlich ›Ich will nicht‹ bedeutet

Wir alle haben irgendwann die einschränkende Macht des ›Ich kann nicht‹ erfahren. Auch wenn wir wirklich etwas möchten, und auch wenn dieser Wunsch im Bereich unserer Möglichkeiten liegt, können diese drei einfachen Wörter verhindern, daß er verwirklicht wird. Wenn Sie sich dabei ertappen, »Ich kann nicht« zu sagen, dann sehen Sie genauer hin und finden Sie heraus, ob Sie nicht eine weitere Entschuldigung vorbringen. Bei einem ehrlichen Blick werden Sie gewöhnlich feststellen, daß Ihre Worte ›Ich kann nicht‹ eigentlich ›Ich könnte, aber ich will aus dem einen oder anderen Grund nicht‹ bedeuten. Wenn Sie beispielsweise sagen: ›Ich kann die Schule nicht schaffen‹, bedeutet das vielleicht einfach: ›Ich könnte die Schule schaffen, aber ich will keine Zeit und Anstrengung auf das Lernen verwenden.‹ Wenn Sie willens sind zu sagen: ›Ich kann‹, dann finden Sie die Kraft, es aus dem Stillen Meister in Ihnen heraus auch durchzuführen.

Die folgende Geschichte soll verdeutlichen, was ich damit meine:

In einem Krieg floh eine Gruppe von Menschen vor feindlichen Soldaten. Unter ihnen waren ein alter Mann und eine Frau mit einem Baby. Sie liefen und versteckten sich viele Tage lang, und immer hatten sie den Feind dicht auf den Fersen, und überall lauerten Gefahren.

Auf ihrer Flucht halfen die anderen in der Gruppe der Mutter, das Baby zu tragen, außer dem alten Mann, der schon sehr schwach war.

Nach einigen Tagen war der alte Mann so erschöpft, daß er einfach nicht mehr weiterkonnte. Er fiel am Straßenrand um und blieb außer Atem liegen. Die anderen hielten an und wollten ihm helfen, aber er bestand darauf, daß sie weitergehen und ihn zurücklassen sollten. Sein Lebenswille war gebrochen; er wollte nicht mehr leben und hatte keine Wünsche mehr für die Zukunft.

Der Feind näherte sich schnell, so daß die anderen darauf drängten, weiterzugehen. Da sah die Frau mit dem Baby auf den alten Mann herab und sagte: »Du bist an der Reihe. Alle anderen haben mir geholfen, das Baby zu tragen. Jetzt bist du an der Reihe. Du mußt deine Pflicht erfüllen.«

Sie legte dem alten Mann das Baby in den Schoß und lief den anderen nach, die schon weitergeeilt waren. Innerlich schlug ihr Herz heftig aus Sorge um ihr Baby, aber trotzdem setzte sie ihren Weg fort. Die anderen in der Gruppe wunderten sich, warum sie ihr Baby zum Sterben zurückgelassen hatte. Was für eine Mutter war sie? Aber dennoch liefen alle weiter.

In der Zwischenzeit hielt der alte Mann das Baby fest, während er den Feind immer deutlicher hören konnte. Sein Herz war voller Müdigkeit und Verzweiflung, und gleichzeitig rührte ihn das Baby, das sich neben ihm bewegte und vor sich hin lallte. Er hatte ein erfülltes und langes Leben hinter sich und viel Schmerz und Glück erfahren, und jetzt fühlte er sich zum Weitergehen einfach zu müde. Aber bei ihm war ein kleines Kind, vor dem noch so viele Jahre lagen und das noch soviel zu erleben hatte.

Er konnte nicht einfach liegenbleiben und dem Kind sein Leben wegnehmen. Stärke und neue Energie durchströmten seine Adern. Er hob das Kind auf und lief, so schnell er konnte, den anderen nach.

Er lief und lief und war nur von dem Gedanken an die Sicherheit des Kindes beseelt. Alles andere – Angst, Müdigkeit und Hunger – spielte keine Rolle. Er lief und lief, bis er in der Ferne seine Freunde erkennen konnte, die sich immer noch schnell vorwärtsbewegten. Er war ihnen ganz nahe, nur noch ein kleines Stück, dann würde er bei ihnen sein.

Kurze Zeit später holte er sie ein. Nach Luft schnappend, stolperte er mit dem Baby in ihre Mitte. Die anderen waren verblüfft über diese Großtat und fragten sich, wie er nur die Kraft gefunden hatte, mit dem Kind im Arm zu laufen und sie einzuholen. Aber sein Gesicht war von einer Entschlossenheit und Zielstrebigkeit erfüllt, wie sie es von ihm überhaupt nicht kannten.

Behutsam reichte er der Mutter das Kind, die es liebevoll an sich nahm. Sie war außer sich vor Freude, sowohl für ihr Kind als auch für den alten Mann. Gemeinsam setzten sie ihren Weg fort, immer weiter weg vom Feind, bis sie in Sicherheit waren.

In dieser Geschichte stellte der alte Mann fest, daß er sich zwei verschiedene Wege geschaffen hatte, die auf zwei unterschiedlichen Entscheidungen beruhten. ›Ich kann nicht‹ ließ ihn am Straßenrand umfallen und davon überzeugt sein, daß sein Leben zu Ende sei – und so wäre es auch gewesen. ›Ich kann‹ befähigte ihn, aufzustehen, die in ihm vorhandene Kraft zu finden und einen Sieg zu erringen.

Beide Wege waren reale und berechtigte Möglichkeiten. Aber worin lag der Unterschied? Man kann sagen, daß sich diese Frau wie eine gute Lehrerin verhielt: Sie gab dem Mann die Gelegenheit, die Kraft in sich zu entdecken und zu beweisen. Dann tat der alte Mann das Seinige. Er bot seinen Willen auf und konnte so seine Schwäche und seine Schwarzseherei besiegen. Er fand die Kraft, seine Aufgabe zu erfüllen. Er traf seine Wahl, wie er auf diese Gelegenheit reagieren sollte, und setzte seinen Willen ein, um sich für den Sieg und gegen die Niederlage zu entscheiden.

Obwohl diese Geschichte zeigt, wie eine besondere Situation zu einer Gelegenheit werden kann, Einschränkungen zu überwinden, erfordert eine echte und dauerhafte Veränderung Anstrengungen, die über eine einzelne Situation hinausgehen. Ein Sieg löst nicht jedes Problem. Wenn man eine dauerhafte Veränderung bewirken will, muß ein Sieg zu neuen Denk- und Handlungsweisen führen.

Betrachten Sie Fehler nicht als Richter,
sondern als Lehrer

Mit Hilfe Ihrer Willenskraft können Sie auch die zweite Regel der Geisteshaltung in die Tat umsetzen: Lernen Sie aus Ihren Fehlern.

Wenn wir eine Handlung für einen Fehler halten, werden wir oft fatalistisch und geben unsere Anstrengungen auf. Statt sogleich eine neue Richtung ins Auge zu fassen, neigen wir dazu, in düsterer Stimmung herumzusitzen und uns zu verurteilen und zu kritisieren. Wir benutzen Fehler als Entschuldigungen, um unseren Ängsten und Schwächen nicht ins Auge zu sehen.

Betrachten Sie Ihre Fehler nicht als Gründe für ständiges Scheitern, sondern als Feedback im Lernprozeß. Im Grunde sind Fehler so real und berechtigt wie Erfolge in Ihrem Wachstums- und Lernprozeß.

Ihnen werden jederzeit Fehler unterlaufen, sobald Sie etwas Neues unternehmen, denn wenn Sie bereits wüßten, wie man etwas fehlerfrei zuwege bringt, wäre es nichts Neues, sondern eine Gewohnheit. Lassen Sie also Fehler freundliche Lehrer, den Dünger für Wachstum, sein.

Wenn ich sage, daß Sie willens sein sollen, Fehler zu machen, meine ich damit, daß Sie sich von Ihren Fehlern zu neuen Einsichten und Handlungen führen lassen sollen. Solange Ihnen unterschiedliche Fehler unterlaufen, können Sie sicher sein, daß Sie sich auf dem Weg des Lernens befinden. Es gehört einfach dazu. Natürlich möchten Sie nicht immer die gleichen Fehler wiederholen, denn das wäre ein Zeichen dafür, daß Sie nicht so aus ihnen lernen, wie Sie es sollten.

Alles, was Sie in Ihrem Leben als *Fehler* beurteilen, ist nichts weiter als ein Ereignis, das Sie etwas lehrt. Unglücklicherweise halten wir unsere Fehler gewöhnlich für schlechte

Dinge, die passieren, im Gegensatz zu den guten Dingen, die passieren. Aber Urteile darüber, was gut und schlecht ist, sind unnötig. Was immer Sie als einen Fehler bezeichnen, ist in Wirklichkeit nur ein neutrales Feedback über das Resultat einer bestimmten Richtung, die Sie eingeschlagen haben. Ob ein Ereignis oder eine Richtung als gut oder schlecht zu beurteilen ist, geht wahrscheinlich in dem Augenblick über Ihre Wahrnehmung hinaus. Zur Verdeutlichung stellen Sie sich einmal folgendes vor:

Angenommen, Sie haben Ihren Arbeitsplatz verloren. Schlecht? Aber dann wird Ihnen eine neue Arbeit angeboten, bei der Sie mehr Geld verdienen. Gut? Aber dann stellen Sie fest, daß Ihr neuer Chef ein Tyrann ist. Schlecht? Aber dann tritt Ihr Chef in den Ruhestand und überläßt Ihnen das Geschäft. Gut? Aber dann fängt das Gebäude Feuer und brennt nieder. Schlecht? Aber dann bekommen Sie Geld von der Versicherung, mit dem Sie das Geschäft aufbauen können, das Sie sich schon immer gewünscht haben. Gut? Aber dann ... aber dann ... Das Leben in dieser materiellen Dimension wird immer eine Folge von ›Aber dann ...‹ sein.

An diesem Beispiel können Sie sehen, daß alle Ereignisse an sich weder gut noch schlecht sind – auch wenn Sie es so beurteilen. Es ist einfach eine Reihe von Ereignissen, die in eine bestimmte Richtung führen, und alle Urteile darüber, was gut oder schlecht ist, sind am Ende völlig unerheblich. Der Verlust Ihres Arbeitsplatzes anfangs war keineswegs ein Unglück, denn letzten Endes führte er Sie zu dem Geschäft, das Sie sich immer gewünscht haben.

Wieviel Zeit vergeuden wir damit, uns über unsere Fehler zu ärgern! Alles, was dabei herauskommt, ist, daß wir bei der Vergangenheit verweilen, wodurch die unangenehme Vergangenheit in die *Gegenwart* gebracht wird.

Wenn Sie bereit sind, nach Ihrem Bewußtsein des Stillen Meisters zu streben, ist es überaus wichtig, daß Sie Ihre Fehler loslassen und Ihren Willen einsetzen, damit Sie sich auf eine neue Richtung konzentrieren können. Betrachten Sie Ihre Fehler, erkennen Sie, was Sie gelernt haben, und lassen Sie sie dann los.

Willenskraft muß nichts mit Kampf zu tun haben

Vielleicht müssen Sie hartnäckig bleiben, sobald Sie versuchen, an einer Idee oder einer Zielsetzung, die Sie verwirklichen möchten, festzuhalten. Aber Hartnäckigkeit hat nicht unbedingt etwas mit Kampf zu tun. Die Mobilisierung des Willens sollte ein ruhiges, beharrliches Fokussieren sein, das kein Gefühl des Widerstandes erlaubt. Die Mobilisierung des Willens braucht nicht in einen Kampf auszuarten.

Falls Ihnen auffällt, daß Sie sich abmühen müssen, wenn Sie Ihren Willen aufbieten, ist der Grund dafür möglicherweise in alten Gewohnheiten oder falschen Überzeugungen zu suchen, die Sie loslassen müssen. Wenn sich ein Gefühl des Ringens einstellt, sowie Sie an einer Idee festhalten, wird Ihnen damit signalisiert, daß Sie gleichzeitig an einer gleichwertigen, aber grundverschiedenen Idee festhalten, die Sie auch manifestieren wollen. Schenken Sie der Energie von zwei gleichwertigen und gegensätzlichen Ideen die gleiche Aufmerksamkeit, so werden Sie naturgemäß einen Konflikt bemerken.

Angenommen, Sie sagen: »Ich will wirklich abnehmen«, und andererseits: »Ich kann nicht leben oder glücklich sein, wenn ich nicht alles essen darf, was ich möchte«, dann steuern Sie auf einen Konflikt zu und werden sich nicht voll und ganz verpflichten können. Wenn Sie wirklich eine neue Person werden wollen, aber Widerstand und Kampf erfahren, so lassen Sie sich von diesen Gefühlen sagen, daß Sie an gewissen Vorstellungen festhalten, von denen Sie sich lösen müssen, weil sie Ihrer wahren Absicht der Selbstentdeckung entgegenarbeiten. Sie müssen nicht gegen sich selbst antreten, um diese hinderlichen Selbstbilder zu beseitigen. Aber Sie werden konzentriert und verpflichtend an der Wahrheit über sich festhalten müssen.

Motivation

Soeben haben wir die Rolle der konstruktiven Willenskraft auf der Bereitschaftsstufe erörtert. Es wurde dargelegt, daß Ihr Wille der Motor ist, der Sie startet und bis ans Ziel bringt, wenn Sie bereit sind, Ihr wahres Selbst zu entdecken. Ihr Wille ist die Kraft, die Sie mit einer guten Zielsetzung in Gang setzt und vorankommen läßt, damit Sie nicht aufgeben. Aber welche Rolle spielt die Motivation auf der Bereitschaftsstufe?

Wenn Sie Ihren Willen aufbieten, um willens zu werden, können Sie hochmotiviert sein. Das ist der offene Geisteszustand, in dem Sie Ihre Reise überhaupt erst antreten können. Dadurch, daß Sie willens sind, können Sie eine hohe Motivation erreichen, weil Sie sich vor Ihrem Aufbruch keine Hindernisse in den Weg legen. Wenn Sie herausfinden möchten, wie motiviert Sie wirklich sind, fragen Sie sich: Welche Hindernisse bin ich bereit zu überwinden, um mein Ziel zu erreichen? Was bin ich bereit zu lernen? In welchem Maße bin ich bereit, mich zu verändern?

Das dritte Prinzip der geistigen Einstellung bildet die Grundlage für Ihre Bereitwilligkeit: Sie sind fähig zu tun, zu handeln, zu leisten und zu schaffen. Ohne diese Fähigkeiten hätten Sie nicht die Motivation, etwas zu verändern; ob Sie nun willens wären oder nicht, würde keine Rolle spielen, da Ihnen diese Fähigkeiten fehlen würden. Aber da Sie diese Eigenschaften besitzen, müssen Sie willens sein, ihre Umsetzung zu ermöglichen, willens sein, ihre Umsetzung zu unterstützen. Die folgenden Methoden können Ihnen dabei helfen.

Seien Sie willens, ein altes Selbstbild zu opfern

Vielleicht sagen Sie: »Natürlich bin ich willens, mich zu verändern. Ich will ein neues Leben führen. Ich will derjenige werden, der ich wirklich bin.« Möglicherweise fühlen Sie sich hoch motiviert.

Es ist schön, daß Sie so reden, aber wenn Sie diese Worte in die Tat umsetzen wollen, müssen Sie sich von alten Selbstbildern, die mit Ihrer Persönlichkeit eng verbunden sein können, lösen. Aus diesem Grund hebe ich das *Opfer* als einen Schritt zur inneren Kraft hervor, wenn Sie zur Entdeckung Ihres Selbst bereit sind. Ihre Bereitschaft zur Veränderung muß von der hohen Motivation begleitet sein, gewisse Aspekte von Ihnen, die in Wirklichkeit nicht zu Ihnen gehören, zu opfern.

Genauso, wie Sie Ihren Willen reinigen und stärken müssen, damit Sie Ihren Weg antreten können, muß Ihre Motivation rein und stark sein, damit Sie nicht von Ihrem Weg abweichen.

Gewöhnlich geben wir der allzu menschlichen Neigung nach, unser altes, ungewolltes Selbstbild aufrechtzuerhalten, auch wenn wir versuchen, es zu ändern. Wenn es an der Zeit ist, Selbstbilder wie ›Ich bin ein wütender Mensch‹, ›Ich bin ein Mensch, der sich ständig Sorgen macht‹, ›Ich bin ein trauriger Mensch‹, ›Ich bin ein enttäuschter Mensch‹, ›Ich bin arbeitssüchtig‹ oder sogar ›Ich bin Arzt‹, ›Ich bin Kellner‹ usw. aufzugeben, kann das Gefühl aufkommen, als wäre damit der größte Verzicht verbunden. Da Sie nur Ihr gegenwärtiges Selbst kennen, kommt Ihnen die Opferung Ihrer unerwünschten Charakterzüge vielleicht eher wie ein Verlust und nicht wie ein Gewinn vor. Vielleicht haben Sie das Gefühl, daß Sie sich selbst verlieren.

Bei der Selbstentdeckung ist das bereitwillige Opfern wichtig, aber auch schwer, weil Sie oft *erst* loslassen müssen, bevor Sie den Gewinn sehen. Sie werden nicht unbedingt einen Blick auf Ihr neues Selbstbild erhaschen, bevor Sie nicht den Sprung wagen. In der Bibel wird das in einer schönen Passage beschrieben:

»Da ich ein Kind war, da redete ich wie ein Kind und war klug wie ein Kind und hatte kindliche Anschläge; da ich aber ein Mann ward, tat ich ab, was kindlich war. Wir sehen jetzt durch einen Spiegel in einem dunkeln Wort; dann aber von Angesicht zu Angesicht. Jetzt erkenne ich stückweise; dann aber werde ich erkennen, gleichwie ich erkannt bin.« (1. Korinther 13, 11–12)

Das, was wir annehmen, sagt uns nichts darüber, wer wir sind; erst wenn wir etwas ablegen, erkennen wir, wer wir bereits sind. Wir sehen ›durch einen Spiegel in einem dunkeln Wort‹, wenn wir uns durch die Fehler, die Verletzung, den Schmerz, die Schuld und die Meinungen anderer in der Vergangenheit betrachten. Wir sehen ›von Angesicht zu Angesicht‹, wenn wir klar und transparent werden, und blicken durch die Augen unseres Bewußtseins des Stillen Meisters nach innen. Dann sehen und fühlen wir, wer wir in Wirklichkeit bereits jetzt sind.

Ihr wahres Selbst ist bereits rein und wahr. Durch die Opferung Ihrer negativen Charakterzüge reinigen Sie den Weg, um erkennen zu können, wer Sie in Wirklichkeit sind.

Denken Sie immer daran:
Er kann es, sie kann es, warum nicht ich?

Wir haben erörtert, daß schlechte Gewohnheiten so sehr in Ihnen verwurzelt sein können, daß Sie anfangen zu denken, sie seien mit Ihnen *identisch.* Sie müssen diese Überzeugung gleich zu Beginn der Bereitschaftsstufe überwinden, denn andernfalls werden Sie Ihre besten Anstrengungen wahrscheinlich sabotieren.

In meinem Jung-SuWon-Unterricht gebrauche ich die Redensart: Er kann es, sie kann es, warum nicht ich? Alle Ihre negativen falschen Überzeugungen können geändert werden, weil sie nicht das wahre Potential Ihres ursprünglichen Selbst widerspiegeln. Meine Schüler und Schülerinnen beweisen immer wieder, daß sie das scheinbar Unmögliche vollbringen können. Sobald sie sich in eine positive, unterstützende Umgebung begeben, kommen sie allmählich mit den wahren und reinen Ideen ihres wahren Selbst in Berührung. Sie fangen an, die Macht der Worte ›Ich kann‹ und ›Ich will‹ und ›Ich weiß‹ zu spüren, die von ihrem Bewußtsein des Stillen Meisters herrühren. Was ist schwieriger? Zehn Ziegelsteine mit den bloßen Händen zu zerschlagen oder Ihren Chef um eine Gehaltserhöhung zu bitten? Für manche ist es einfacher, zehn Ziegelsteine zu zerschlagen.

Eine meiner Schülerinnen wog über dreihundert Pfund, als sie sich in meiner Jung-SuWon-Schule anmeldete. Als es Zeit für einige Übungen war – einfache Bodenübungen wie Rolle vorwärts auf der Matte –, antwortete sie auf die Frage: »Warum nicht du?« ganz spontan: »Weil ich zu dick bin.« Zu ihrer eigenen Überraschung schaffte sie es aber. Was war geschehen? Sie reagierte auf die Atmosphäre der Ermutigung und Leistung und schloß sich den anderen an, die erfolgreich waren. Und dieser Sieg gab ihr das Selbstvertrauen, weiterzumachen und weitere Siege zu erringen. Wie Sie sich vielleicht vorstellen können, wiegt sie nicht mehr dreihundert Pfund.

Bereit zu sein für Veränderung – für Selbstentdeckung –, bedeutet oft, daß Sie sich in einer Umgebung wiederfinden, die Sie unterstützt. Auf diese Weise werden Sie von Ihrer Umgebung motiviert und nicht gehemmt.

Einstellung

Es wurde gesagt, daß Ihre Willenskraft einem Motor gleicht, der Sie auf Ihren Weg befördert, und daß die Motivation mit einem Kraftstoff zu vergleichen ist, der den Motor speist. Stellen Sie sich die Einstellung als etwas vor, was die Qualität des Kraftstoffes bestimmt. Positive Einstellungen sind wie Hochenergiekraftstoff, beispielsweise Benzin mit hoher Oktanzahl, und negative Einstellungen wie unreines Benzin. Wenn Sie Ihr Auto mit unreinem Benzin auftanken, wird Ihnen der Motor bestimmt bald Probleme bereiten. Genauso rufen negative Einstellungen Hindernisse und Konflikte in Ihrem Leben hervor.

Einstellungen sind am Anfang Ihres Selbstentdeckungsprozesses wichtig, weil sie Ihnen helfen, die Qualität Ihrer Umsetzung festzulegen. Positive Einstellungen sorgen dafür, daß Ihr Wille und Ihre Motivation rein und stark bleiben, so daß Sie konstruktive Formen in Ihrem Leben erschaffen, Formen, die Fortschritt und Beschleunigung fördern und die Liebe, den Frieden und die Harmonie Ihres wahren Selbst widerspiegeln.

Bleiben Sie empfänglich

Zu den Tätigkeiten an unseren Selbstentdeckungswochenenden zählt der Freiheitstanz. Bei dieser Übung fordere ich die weiblichen und männlichen Teilnehmer auf, sich um ein Feuer in freudvollen freien Bewegungen zu ergehen, um auf diese Weise die Vergangenheit symbolhaft abzustreifen. Weil viele Menschen unnötigerweise etwas an sich auszusetzen haben (befangen sind), soll dieser Tanz eine empfängliche Einstellung fördern, die für das Streben nach Entdeckung des eigenen wahren Selbst notwendig ist.

Im ersten Kapitel erwähnte ich bereits, daß ich die Bereitschaft, offen und empfänglich gegenüber einem neuen Selbstbild und einem neuen Leben zu sein, als eine Einstellung des leeren Kelches bezeichne. Wenn Sie glauben, daß Sie schon alles wissen, wenn Sie glauben, daß Sie sich vollkommen kennen, ist Ihr Kelch bereits voll und kann nichts Neues mehr aufnehmen. Diese Bereitschaft – offen und empfänglich gegenüber einer neuen Richtung zu sein – ist eine Eigenschaft, die Sie jeden Tag und nicht nur einmal dann benötigen, wenn Sie sich entschließen, nach Ihrem wahren Selbst zu streben.

Vielleicht fühlen Sie sich zu gehemmt, um so etwas wie einen Freiheitstanz aufzuführen, auch dann, wenn Sie ungestört in Ihrer Wohnung sind. Aber Sie können jeden Tag etwas tun, das Ihnen hilft, Ihren leeren Kelch hervorzubringen und zu bewahren: Duschen Sie!

Auch wenn Sie keine Zeit zum Meditieren haben, können

Sie unter der Dusche wertvolle Arbeit für sich leisten. Da das Duschen eine Tätigkeit ist, der man normalerweise gedankenlos nachgeht, versuchen Sie es dabei einmal mit Denken und einer schönen Visualisierung.

Stellen Sie sich vor, Sie wären auf einer Tropeninsel, und Ihre Dusche wäre eigentlich ein tosender Wasserfall, umgeben von wunderschönen tropischen Blumen und Vögeln. Es weht ein sanfter Wind, und der Himmel ist klar und blau. Das herunterfließende Wasser ist sauber, klar und sprüht vor Energie. Während Sie dastehen und das Wasser Ihren Körper hinabrieselt, fühlen Sie, wie Sie sich öffnen und die frische, neue Energie im Wasser aufnehmen. Beim Einseifen fühlen Sie, wie das herunterfließende Wasser Ihre Ängstlichkeit, Ihre Anspannung, Ihre Sorgen, Ihr Bedauern, Ihre Enttäuschungen wegwäscht. Sie fühlen, daß durch die Reinigung alles, was Sie betrübt, verletzt oder einschränkt, weggewaschen wird. Sie fühlen, daß Sie immer freier, entspannter, glücklicher, friedvoller werden; die Seife und das sprühende Wasser entfernen alles Negative von Ihnen. Stellen Sie sich vor, daß Wasser und Seife dies wirklich für Sie tun können. Mit dem Wasser, das in den Abfluß fließt, verlassen Sie gleichzeitig Böswilligkeit, Feindseligkeit, Groll, Wut, Halsstarrigkeit, Faulheit, Eifersucht – was auch immer – für alle Zeit.

Praktizieren Sie diese Übung beim Zähneputzen. Spülen Sie mit dem Wasser die harten Worte, die irrtümlich ausgesprochenen Worte, die Worte, die Sie vielleicht bedauern, aus. Beim Haarewaschen spülen Sie mit dem Shampoo alle Gefühle und Einstellungen, die Sie angenommen haben und die nicht von Ihrem wahren Selbst stammen, aus und reinigen sich von allen Schritten, die Sie unternommen haben und die jetzt ›auf Ihrem Haupt‹ lasten. Was wollen Sie aus Ihren Haaren entfernen? Wenn Sie sich mit einem Handtuch abtrocknen, stellen Sie sich Ihren Körper und Ihren Geist als neu vor. Dieser saubere, neue Körper gleicht einer neuen Sonne, die an einem neuen Tag aufgeht. Das Gestern ist weggewaschen.

Mit dieser Meditation unter der Dusche, bei der Sie negative Gedanken und Gefühle beseitigen, unternehmen Sie Schritte, die die Einstellung des leeren Kelches fördern. Denken Sie jedoch daran, daß Sie durch dieses Leerwerden keineswegs zu einem leeren Raum werden. Tatsächlich sind für die Opferung Ihrer negativen Charakterzüge Affirmationen und keineswegs Verneinungen am hilfreichsten. Sagen Sie nicht: »Ich bin nicht traurig«, sondern: »Ich bin voll natürlicher Freude, die zu meinem Bewußtsein des Stillen Meisters gehört.« Ihr leerer Kelch wird durch Ihre positiven Aussagen über Ihr wahres Selbst gefüllt werden.

Stellen Sie sich auf Erfolg ein

Da Sie mit der Energie von Gedanken und Gefühlen als Mitschöpfer wirken, sollten Sie sich einen leeren Kelch aneignen. Hegen Sie grenzenlose Gedanken über das, was Sie hervorbringen können. Hegen Sie grenzenlose Selbsterwartungen.

Mit grenzenlos meine ich nicht unvernünftig. Tatsächlich wird Ihr Stiller Meister Ihnen keine unvernünftigen Wünsche, sondern nur Ihre wahren Wünsche eingeben. Wenn ich also sage, daß Sie grenzenlose Erwartungen hegen sollen, meine ich damit, daß Sie die Möglichkeit, Ihre wahren Wünsche zu realisieren, durch nichts einschränken lassen sollten.

Im Laufe der Zeit beeindrucken uns die Leistungen anderer irgendwie, und wir kommen zu dem Schluß, daß wir so etwas nicht zustande bringen. Gewöhnlich finden wir recht gute Entschuldigungen dafür, warum wir es nicht schaffen, und schränken uns weiterhin ein. »Er kann es, sie kann es, warum nicht ich?« In dieser Redewendung liegt die Ermutigung, sich immer auf Erfolg einzustellen. Der Pfeil dieser Einstellung führt Sie in die Richtung der Realisierung.

Realistische Erwartungen verwandeln sich in Ziele

Wenn Sie bereit sind, vernünftige Erwartungen zu hegen, besteht der nächste folgerichtige Schritt darin, daß Sie sich Ziele setzen. Wenn Sie bereit sind, empfänglich und aufgeschlossen zu sein, und hohe Erwartungen hegen, werden Sie keine Angst davor haben, sich ein Ziel zu setzen, auch wenn es gegenwärtig außerhalb Ihrer Reichweite zu liegen scheint.

Auf der Bereitschaftsstufe der Selbstentdeckung ist Ihr Selbstbild das größte Hindernis für Ihre Zielsetzung. Aus diesem Grund ist es so wichtig, aufgeschlossen zu sein, sobald Sie bestimmte Ziele ins Auge fassen. Immer wieder höre ich Menschen beispielsweise sagen: »Ich bin zwar sehr gut im Organisieren, aber überhaupt nicht kreativ.« Oder: »Ich bin wohl ein ganz guter Mechaniker, aber ich könnte niemals Computer programmieren.« Diese Äußerungen veranschaulichen, was ich damit meine, einen vollen Kelch zu bewahren. Diese Personen haben mit ihren eingeschränkten Überzeugungen ihr Schicksal besiegelt. Oft sind diese Aussagen auch noch widersprüchlich. So ist beispielsweise die Fähigkeit, Organisation in einen Zustand des Chaos zu bringen, nicht das Gegenteil von Kreativität: Organisieren ist ein höchst kreativer Vorgang. Wie oft schränken wir uns dadurch ein, wie wir Begriffe definieren!

Seien Sie bereit zu vergeben

Sowie Sie anfangen, sich Ziele zu setzen, die über Ihr gegenwärtiges Selbstbild hinausgehen, müssen Sie vielleicht hart daran arbeiten, Ihre Vergangenheit loszulassen. Bei der Entdeckung Ihres Selbst beschäftigen Sie sich auf der Bereitschaftsstufe zum großen Teil damit, das Alte auszumerzen, um Platz für das Neue zu schaffen. Damit kann ein hohes Maß an Vergebung von Ihrer Seite verbunden sein, weil Sie die Vergangenheit nur auf diesem Weg freigeben können. Sie können eine Situation nicht ändern, wenn Sie mit negativer Emotion an ihr festhalten. Sie müssen verzeihen, loslassen und Gefühle der Verurteilung opfern, damit Sie eine unangenehme Situation in Ihrem Leben ändern können.

Aber genauso wichtig ist es, daß Sie sich selbst vergeben. Sie brauchen sich oder andere niemals für Fehler zu verurteilen. Sie lernen einfach aus dem Fehler, was immer Sie lernen müssen, lassen ihn los und bewegen sich dann weiter, um eine neue Wirklichkeit zu erschaffen.

Unglücklicherweise kann Vergebung das Gefühl vermitteln, daß von uns das höchste Opfer gefordert wird. Wir sind versucht, zu hassen, Groll zu hegen und wütend zu sein, wenn wir uns ungerecht behandelt fühlen. Diese Gefühle opfern wir nicht gern, und uns scheint Vergebung fast weh zu tun, wenn wir dazu aufgefordert werden. Aber wenn Sie vergeben können, finden Sie Befreiung und keinen Verlust. Durch die Vergebung gelangen Sie zu der Freiheit, ungehindert von vergangenen Eindrücken etwas Neues zu erschaffen.

Möglicherweise ist es schwieriger, sich selbst zu vergeben als anderen. Das Haupthindernis für Selbstvergebung sind Ihre Schuldgefühle. Wenn Sie an Ihre Kindheit zurückdenken, werden Sie sich daran erinnern, daß Sie wahrscheinlich am ehesten für eine Verfehlung verurteilt wurden. Die meisten von uns haben gelernt, daß wir, wenn wir etwas angestellt haben, erst verurteilt werden, bevor man uns verzeiht, und vielleicht wird uns nicht einmal verziehen! Den meisten von uns wurde nicht beigebracht, daß eine Verfehlung eine Gelegenheit zur Erziehung oder Lösungsfindung sein sollte.

Lösen Sie sich von Selbstverurteilungen und
Schuldgefühlen

Die meisten Menschen gehen viel zu hart mit sich selbst um. Wenn Ihnen klar wird, daß Sie einen Fehler begangen haben, müssen Sie sich nicht noch schlechter machen. Sie brauchen Liebe – keine Verurteilung, keine Bestrafung –, wenn Sie erkennen, daß Sie eine Veränderung vornehmen müssen. Selbstverurteilung und Schuldgefühle verhindern das Lernen, denn dadurch bleiben Sie auf das Falsche und nicht auf das Richtige ausgerichtet. Verurteilung und Schuldbewußtsein formen eine negative emotionale Wolke, die keine Heilung, sondern vielmehr Verfehlungen fördert und anzieht.

Einer der ersten Schritte, die Sie vornehmen müssen, wenn Sie die Vergangenheit loslassen – und für ein neues Leben bereit werden – wollen, ist die Erkenntnis, daß Sie sich niemals schuldig zu fühlen brauchen. Schuldgefühle dienen kurze Zeit einem Zweck, denn sie lassen Sie erkennen, daß eine Veränderung nottut. Aber sobald Sie Schritte unternommen haben, die zu einer Veränderung führen, sind Schuldgefühle nicht mehr zweckmäßig, tatsächlich sind sie an diesem Punkt sogar hinderlich. Wenn Sie also jetzt bereit sind, eine Veränderung herbeizuführen, lösen Sie sich zuerst von Ihren Schuldgefühlen. Erkennen Sie, daß Ihre Schuldgefühle Gefühle zu Dingen sind, die der Vergangenheit angehören. Welches ›Verschulden‹ oder welcher ›Fehler‹ es auch immer war, es gehört nicht mehr zu Ihrem neuen Ich. Es ist vorüber. Leiten Sie statt dessen mit Gefühlen der Freude den Heilungsprozeß ein.

Die folgende Geschichte veranschaulicht auf einfache Weise, wie Vergebung und das Loslassen von Verurteilung und Schuldgefühlen zur Heilung führen können:

Es waren einmal zwei benachbarte Dörfer, deren Bewohner untereinander zerstritten waren. Viele Jahre zuvor war eine Auseinandersetzung zwischen ihnen entbrannt, und seitdem lagen sie im Streit.

Die beiden Dörfer pflegten überhaupt keinen Kontakt zueinander. Sie waren schon so lange voneinander isoliert, daß niemand in dem einen Dorf etwas von dem anderen Dorf wußte.

Eines Tages standen die Bewohner des einen Dorfes vor einem Problem, denn ihr Brunnen versiegte allmählich. Alle versuchten, das Problem zu lösen, aber es wurde immer schlimmer. Einige Wochen später waren ihre Wasservorräte erschöpft. Es sah aus, als würden sie alles, wofür sie gearbeitet hatten – ihre Farmen, ihr Vieh –, verlieren.

Als sie schließlich die Aussichtslosigkeit ihrer Situation erkannten, blieb ihnen nur noch die Möglichkeit, mit den

Bewohnern des Nachbardorfes über ihr Problem zu reden. Sie unterdrückten ihren Stolz und machten sich auf den Weg zum anderen Dorf. Unterwegs malten sie sich aus, wie man sie auslachen und abweisen würde, aber dieser Versuch war ihre einzige Hoffnung.

Die Ältesten, die bei der ursprünglichen Auseinandersetzung eine Rolle gespielt hatten, betraten vorsichtig die Halle, in der die Ältesten des anderen Dorfes versammelt waren. Sie erklärten ihre Situation und warteten dann ängstlich das Ergebnis der Beratung ab.

Zu ihrem Erstaunen waren die Ältesten verständnisvoll und mitfühlend. Sie boten ihre Hilfe an und erklärten sich bereit, ihren Brunnen mit den Nachbarn zu teilen.

Gemeinsam waren die Nachbardörfer in der Lage, das Problem zu lösen. Gemeinsam bauten sie Kanäle und Bewässerungsanlagen. Jeder entdeckte bewundernswerte Eigenschaften im anderen, und bei ihren Bemühungen kamen sie sich so nahe, daß sie unzertrennlich wurden.

Wie diese Nachbardörfer sind wir von unserem wahren Selbst, unserem Stillen Meister, getrennt. Wir haben vergessen, wie und warum es zu dieser Trennung kam. In der Geschichte wird diese Trennung durch den versiegten Brunnen symbolisiert. Doch gewöhnlich führt uns früher oder später ein Ereignis zu unserem Stillen Meister zurück. Vielleicht veranlaßt uns eine Krankheit oder ein Mißerfolg, erneut nach unserem Stillen Meister zu suchen, oder vielleicht rührt diese Suche einfach von dem natürlichen Wunsch her, unser wahres Selbst kennenzulernen. Welcher Grund es auch ist: Wenn wir danach streben, unser wahres Selbst zu finden, sind wir vielleicht voller Zweifel und Schuldgefühle, fühlen uns unwürdig oder haben Angst, uns um Heilung nach innen zu wenden. Aber wenn es uns gelingt, heißt uns unser Stiller Meister, den Ältesten des gegnerischen Nachbardorfes gleich, mit Heilung und Liebe und nicht mit Ablehnung willkommen. Und genauso wie die zwei Dörfer außerordentlich aufblühten, als sie sich zusammenschlossen, können Sie mit erneuerter Kraft und Stärke aufblühen, wenn Sie sich mit Ihrem Stillen Meister verbinden. Das Bild des Stillen Meisters am Anfang dieses Kapitels weist darauf hin, daß Ihr immaterieller Aspekt – Ihr spirituelles Wesen – an dem Leben, das Sie erschaffen, eng beteiligt ist, weil Materie und Geist gleichzeitig existieren.

Ihr Bewußtsein des Stillen Meisters weiß, daß es seinem Wesen nach immateriell ist, aber es nimmt auch Gestalt an (es manifestiert sich) in Form Ihres physischen Körpers und der materiellen Welt um Sie herum. Folglich können Sie von sich sagen, daß Sie immateriell (geistig) und gleichzeitig materiell (physisch) sind.

Darum ist Ihr Bewußtsein des Stillen Meisters für Sie zugänglich. Die Rückkehr zu ihm ist eine Rückkehr zu einem Aspekt von Ihnen, der in diesem Augenblick in Ihnen existiert – genau dort, wo Sie sind.

Wahl

Am Anfang Ihrer Reise zur Selbstentdeckung möchten Sie sich zu Ihrer Macht der Wahl und der Liebe beglückwünschen und sie für immer wahren. Die Person, die Sie heute sind, beruht darauf, wie Sie sich in der Vergangenheit auf Ihre Umgebung, die Personen, die Sie kennen, und Ihre eigenen Gedanken und Gefühle zu reagieren, entschieden haben. Die Person, die Sie morgen sein werden, beruht auf den Entscheidungen, die Sie im Hinblick auf diese Dinge in diesem Augenblick treffen. Solange Ihnen bewußt ist, daß Ihre Entwicklung auf den Entscheidungen beruht, die Sie in diesem Augenblick treffen, bleiben Sie auf dem Fahrersitz und fördern Veränderung und Wachstum. Aber solange Sie Ihr gegenwärtiges Selbst als ›So bin ich einfach‹, als eine eherne

Wirklichkeit ansehen, legen Sie den Prozeß der Selbstentdeckung lahm.

Die Sache ist die, daß Sie so offen wie Ihre Entscheidungen sind. Sie können wählen, offen zu sein und zu wachsen, Sie können ein neues Ziel nach dem anderen wählen, Sie können wählen, eine Lebensweise für eine andere aufzugeben, Sie können wählen, irgendeiner angemessenen Beschäftigung nachzugehen. Und Sie können wählen, zu sagen: »Ich kann nicht.« Ihr Bewußtsein steht mit der schöpferischen Kraft hinter Ihren Entscheidungen, um sie Gestalt werden zu lassen.

Wenn Sie wirklich bereit sind, ein offeneres Selbstbild anzustreben, Ihr Bewußtsein des Stillen Meisters zu ergründen, der schöpferische Antrieb Ihres Lebens zu werden, dann sind Sie jetzt bereit, mit den Werkzeugen und Techniken vertraut zu werden, die Sie auf diesem Weg brauchen. Damit werden wir uns im nächsten Kapitel beschäftigen. Wir werden sehen, daß Sie mit Hilfe dieser Werkzeuge und Techniken die Energie erhöhen können, die Sie für die Gestaltung Ihres Lebens aufwenden müssen.

Was könnte Ihrer Bemühung gleichwertiger sein, wenn nicht die Entdeckung und Erfüllung Ihres wahren Wesens? Mir gefällt eine biblische Parabel, die von der Entdeckung des wahren Wesens handelt:

»Das Himmelreich ist gleich einem verborgenen Schatz im Acker, welchen ein Mensch fand und verbarg ihn; und in seiner Freude darüber geht er hin und verkauft alles, was er hat, und kauft den Acker ... Abermals ist das Himmelsreich gleich einem Kaufmann, der gute Perlen suchte, und da er eine köstliche Perle fand, ging er hin und verkaufte alles, was er hatte, und kaufte sie.« (Matthäus, 13, 44–45)

Ihr Bewußtsein des Stillen Meisters ist der köstlichen Perle gleich, für die Sie alles verkaufen würden, um sie zu besitzen, denn wenn Sie dieses Bewußtsein besitzen, das die

Quelle von allem ist, wird Ihnen alles andere auch gehören. Ist es Ihrer Zeit und Ihrer Mühe nicht wert, diesen machtvollen Aspekt Ihres Bewußtseins zu entdecken und anzufangen, ihn konstruktiv einzusetzen?

Übung

Auf der Bereitschaftsstufe der Selbstentdeckung ist es wichtig, daß Sie genau darüber nachdenken, was Sie in Ihrem Inneren entdecken möchten. Die folgenden Fragen können Ihnen bei der Analyse Ihres gegenwärtigen Selbst helfen, so daß Sie in die Lage versetzt werden, ein neues Selbstbild zu formen. Schreiben Sie Ihre Antworten auf oder überdenken Sie sie zumindest gründlich.

1. Was bedeutet Selbstentdeckung jetzt für Sie? Oder anders ausgedrückt, welchen Zweck soll die Selbstentdeckung für Sie erfüllen?
2. Welche Ereignisse finden jetzt in Ihrem Leben statt, die Sie verändern, verbessern, beschleunigen etc. wollen?
3. Welche Methoden oder Strategien haben Sie bereits eingesetzt, um die in der zweiten Frage genannten Ziele zu verwirklichen, und wie gut haben sie funktioniert?
4. Mit welchen zehn verschiedenen Eigenschaften würden Sie Ihre Persönlichkeit beschreiben? Zählen Sie sowohl positive als auch negative Eigenschaften auf.
5. Nennen Sie jeweils drei Zeitabschnitte in Ihrem Leben, in denen Sie am glücklichsten, am traurigsten und am aufgebrachtesten waren.
6. Welche langfristigen Ziele haben Sie sich gesetzt?
7. Würden Sie sich gern bestimmte Ziele setzen, von denen Sie aber glauben, daß sie außer Ihrer Reichweite oder unmöglich zu verwirklichen sind?

Meditation

In diesem Augenblick ist mein Bewußtsein des Stillen Meisters rein, vollkommen, ganz und vollständig. Alle Ideen, die ich bin, existieren hier und jetzt. In diesem Augenblick bin ich dafür offen, den reinen und vollkommenen Ausdruck aller Ideen in meinem Bewußtsein des Stillen Meisters zu sehen. Ich bin dafür offen, zu sehen, daß alle Menschen, Umstände und Ereignisse in meinem Leben harmonisch miteinander kooperieren und Liebe ausdrükken. Alle Ideen in meinem Bewußtsein des Stillen Meisters existieren bereits in friedlicher Kooperation, Harmonie und Liebe, und ich bin dafür offen, diese Ideen in mir zu sehen und zu fühlen. Darum bin ich bereit, mich von den begrenzten und negativen Bildern, die ich sehe, mit Vergebung zu lösen und danach zu streben, Liebe, Frieden, Freude, Harmonie und Einheit zu erschaffen, wo auch immer ich bin. Mit Freude und Liebe akzeptiere ich meine Verantwortung als Mitschöpfer dieser Welt.

3.
ENERGETISIEREN: SCHÖPFERISCHE KRAFT AUFBAUEN

Bild IV des Stillen Meisters

Sie sind schöpferische Energie

Ihr Stiller Meister weiß, daß er die Quelle geistiger, emotionaler und materieller Energie ist – Ihrer Energie, die Sie ungehindert verwenden und lenken können, um das zu erschaffen, was Sie sich wünschen. Folglich sind Sie ein Mitschöpfer und arbeiten mit der Lebenskraft des Universums zusammen, um sich und die Welt um Sie herum zu formen.

Im vorangegangenen Kapitel haben wir untersucht, wie wir uns für die Entdeckung unseres wahren Selbst bereitmachen können. Es wurde erläutert, wie wichtig es ist, daß wir uns die Kraft unseres Willens, der hohen Motivation und der konstruktiven Einstellungen nutzbar machen. Jetzt müssen wir unsere ganze Energie mobilisieren, die hinter dieser Verpflichtung steht! Und das bedeutet, daß wir die Kraft in uns konzentrieren, damit wir unsere Energie richtig einsetzen.

In diesem Kapitel werden wir uns dem Thema Energie widmen – was sie ist und wie sie zu nutzen ist. Im allgemeinen ist uns nicht bewußt, daß wir durch den falschen Einsatz unserer Energie unsere Ziele und Anstrengungen sabotieren. Wenn wir verstehen, was unsere Energie ist und was sie zu bewirken vermag, werden wir hochmotiviert sein, unsere Energie zu reinigen, so daß wir sie erhöhen können.

Was ist erhöhte Energie?

Ein wichtiges physikalisches Grundgesetz besagt, daß Energie weder erschaffen noch zerstört werden kann. Sie kann nur von einer Form in eine andere übergehen. Licht kann sich beispielsweise in Wärme verwandeln; Wärme kann sich in mechanische Arbeit verwandeln; Liebe kann sich in Freunden manifestieren, die harmonisch miteinander kooperieren. Die gesamte Energie im Universum existiert bereits (sie erhöht sich nicht) und ist Ihnen in diesem Augenblick zugänglich. Wenn wir also darüber sprechen, wie wir unsere Energie erhöhen können, ist im Grunde damit gemeint, wie wir uns in höherem Maße Zugang zu unserer natürlichen Energie verschaffen können. Sie können lernen, Ihre Energie zu reinigen, um sich größere Freiheit und größeres Glück zu erschaffen.

Wo finden Sie diese Energie? Das Bild des Stillen Meisters am Anfang dieses Kapitels gibt zu verstehen, daß das Bewußtsein des Stillen Meisters in Ihnen jetzt »die Quelle geistiger, emotionaler und materieller Energie ist – Ihrer Energie, die Sie ungehindert verwenden und lenken können, um das zu erschaffen, was Sie sich wünschen«. Die gesamte Energie im Universum ist bereits jetzt da – eins mit Ihnen – und bereit, von Ihnen umgewandelt zu werden. Wenn Sie Ihre Energie erhöhen möchten, müssen Sie das beseitigen, was Ihre Erfahrung der reinen Kraft und der reinen Liebe Ihres Stillen Meisters behindert. Wenn Sie Ihr wahres Selbst entdecken, erfahren Sie in höherem Maße Ihre wahre Energie. Diese Energie erhöht sich eigentlich nicht, aber weil Sie die Hindernisse für Ihre reine Energie aus dem Weg räumen, erfahren Sie *mehr* von ihr.

Welche Hindernisse halten uns davon ab, all die schöne Energie unseres Stillen Meisters zu erfahren? Wenn wir auf die Energie unseres Stillen Meisters direkt zurückgreifen wollen, welchen Weg schlagen wir dann ein? Wo finden wir sie? Bild I des Stillen Meisters im ersten Kapitel erklärt: »Er drückt sich durch Ihr Denken, durch wahre Ideen und Gedanken in Ihrem Geist aus.« Reine Energie wird also durch Ihr Denken ausgedrückt.

Und Bild III des Stillen Meisters im zweiten Kapitel weist darauf hin: »… es nimmt auch Gestalt an (es manifestiert sich) in Form Ihres physischen Körpers und der materiellen Welt um Sie herum.« Reine Energie wird also durch Ihren Körper und durch die materielle Welt ausgedrückt.

Da die Energie unseres Stillen Meisters durch unser Denken und durch unsere materielle Welt ausgedrückt werden kann, müssen wir alle hinderlichen Aspekte unseres Denkens und unserer Umgebung entfernen, damit wir seine reine und mächtige Energie spüren.

Wie tun wir das? Mit Hilfe eines Prozesses, den ich *Energetisieren* nenne. Der Prozeß des Energetisierens ist mit dem Einsatz bestimmter Werkzeuge und Techniken verbunden, mit denen wir die blockierten und einschränkenden Schichten unseres Denkens und unserer Umgebung herausschälen, so daß wir die natürliche, bereits existierende Energie spüren.

79

Sie erhalten nicht mehr Energie, wenn Sie einfach den Wasserhahn weiter aufdrehen: In Ihrem ursprünglichen Energiezustand ist der ›Hahn‹ bereits weit aufgedreht. Unsere Arbeit besteht darin, die Steine aus der Leitung zu entfernen, damit das Wasser – unsere natürliche Energie – ungehindert fließen kann. Das Beseitigen der ›Steine‹ ist der Reinigungsprozeß, und darum betone ich auf der energetisierenden Stufe der Selbstentdeckung die Reinheit als einen Schritt zur inneren Kraft. Kurzum, Ihnen steht mehr Energie zur Verfügung, je bewußter Sie sich Ihres wahren Selbst werden. Mit dem Prozeß des Energetisierens räumen Sie einengende Selbstbilder aus dem Weg, um Ihr wahres Selbst zu werden.

Warum wollen Sie Ihre natürliche Energie stärker spüren? Weil sie Ihnen das Gefühl der Freiheit und der Freude und der Liebe und der schöpferischen Kraft gibt – diese Eigenschaften machen das Leben lebenswert. Ihre Energie ist von Natur aus schöpferisch. Man kann sagen, daß sie Gestalt annehmen will, genauso wie die gesamte materielle Energie im Universum ständig ihre Gestalt verändert. Vielleicht setzen Sie Ihre Energie so falsch ein, daß Ihr Leben eingeschränkt und unglücklich ist. Mit der Entdeckung Ihres Selbst werden Sie die Energie so nutzen, daß Sie freier und glücklicher werden.

Entdecken Sie die Energie Ihres ursprünglichen Selbst! Wir werden erforschen, was Energie ist, uns die Formen ansehen, in denen sie sich manifestiert, und herausfinden, wie Sie sich reinigen können, so daß Sie mehr von Ihrer ursprünglichen, natürlichen Energie erhalten und sie schöpferisch einsetzen.

Unsichtbare Energie ruft sichtbare Manifestationen hervor

Wenn Sie die Welt betrachten, sehen Sie verschiedene Arten der Energie in Bewegung. Energie ist eigentlich eine unsichtbare Kraft. Von ihrer Existenz wissen wir nur aufgrund der

Art und Weise, auf die sie sich für uns sichtbar manifestiert. Wir sehen, wie sich elektrische Energie manifestiert, wenn wir unsere Haushaltsgeräte und Maschinen benutzen; wir sehen, wie sich die Energie der Natur manifestiert, wenn sie Gräser und Bäume entwurzelt und heftige Winde und Stürme aufkommen läßt; wir sehen, wie sich die Energie der Sonne durch ihre friedliche, dauerhafte, strahlende Helligkeit und Wärme manifestiert; wir sehen, wie sich physikalische Energie in Form von menschlichen Körpern, die laufen, sprechen, arbeiten und spielen, und in Form von Tieren, die laufen und jagen, manifestiert. Schließlich sehen wir die biologische Energie, die Kraft, die sich als Leben manifestiert. Lassen Sie uns damit anfangen: mit dem Leben.

Die ursprüngliche Lebenskraft ruft alle Manifestationen hervor

Das Leben existiert durch sich selbst. Wir erschaffen kein Leben. Nur das Leben kann Leben entstehen lassen. Die Lebenskraft des Universums ist die schöpferische Kraft, die alles ins Leben ruft. Ihr Stiller Meister ist mit dieser Lebenskraft, aufgrund derer Sie hier sind und leben, verbunden.

Leben ist also Energie. Die Energie läßt Ihr Herz schlagen, sie läßt Sie atmen, und sie läßt die Zellen Ihres Körpers ab dem Augenblick Ihrer Empfängnis automatisch wachsen und sich vermehren.

Lebensenergie ist spirituelle Energie. Ja, wir erleben sie hier in dieser Dimension als materielle, physische Manifestation. Aber die wahre Energie hinter dieser physischen Manifestation – die sie lenkt, erschafft und erhält – ist spirituell.

Man kann also sagen, daß die Lebenskraft eine Manifestationskraft ist. Und so funktioniert sie: Wenn Sie sich im Geiste etwas vorstellen, setzen Sie den schöpferischen Prozeß in Gang. Die Vorstellungen in Ihrem Bewußtsein liefern die Energie, welche die Gestaltwerdung einer Manifestation unterstützt. Der Grund dafür ist der, daß Ihre Vorstellungen – oder Wahrnehmungen – der Ausgangspunkt für all Ihre Entscheidungen, Handlungen, Reaktionen, Urteile und Haltungen sind. Diese helfen direkt oder indirekt, Ihr Selbstbild, Ihren Körper und die Umgebung um Sie herum zu erschaffen.

Wie Bild IV des Stillen Meisters am Anfang dieses Kapitels sagt: »Folglich sind Sie ein Mitschöpfer und arbeiten mit der Lebenskraft des Universums zusammen, um sich und die Welt um Sie herum zu formen.« Wie arbeiten Sie mit der Lebenskraft zusammen? Indem Sie die Energie der Lebenskraft, die durch Ihr Denken, Ihren Körper und Ihre materielle Welt ihren Ausdruck findet, richtig nutzen.

Ideen sind die ursprüngliche Lebenskraft, die ursprüngliche schöpferische Energie

Ihr Bewußtsein des Stillen Meisters beherbergt die Manifestationen aller Dinge als Ideen. Diese Ideen reagieren auf die schöpferische Lebenskraft in Ihrem Bewußtsein des Stillen Meisters und manifestieren sich als verschiedenartige materielle Gestalten und Formen in dieser Dimension.

Und wo finden Ihre Manifestationen statt? Draußen in der Welt, antworten Sie vielleicht. Aber wo ist die Welt? Findet die Manifestation der Welt nicht in Ihrem Verständnis für sie statt? Sind Ihr Geschmacks-, Tast-, Geruchs-, Gesichts- und Gehörsinn nicht in Ihrem Bewußtsein angesiedelt? Alles, was Sie über sich in der Welt wissen, zeigt sich in dem, was man als Ihre Mentalität bezeichnen kann. Sie können anführen, daß Sie auch physisch sind – nicht nur geistig. Aber Sie wissen von Ihrer Körperlichkeit nur, weil dieses Wissen in Ihrem Geist entsteht.

Um noch einmal auf Bild IV des Stillen Meisters zurückzukommen: »Ihr Stiller Meister weiß, daß er die Quelle geistiger, emotionaler und materieller Energie ist – Ihrer Energie, die Sie ungehindert verwenden und lenken können ...«

Ideen sind ewig und wirklich;
Manifestationen sind vergänglich und unwirklich

Es folgt eine weitere Wahrheit über Manifestationen: Sie sind nicht beständig. Trifft es nicht zu, daß sowohl Sie als auch beispielsweise ein Auto ›sterben‹ oder sich auflösen, nachdem etwas, was wir Zeit nennen, verstrichen ist? Dies führt uns zur nächsten Frage: Was ist der Tod? Wenn alles Energie ist, was passiert dann mit dieser Energie im Augenblick des Todes? Behauptet das universelle Gesetz der Erhaltung von Energie nicht schließlich, daß Energie weder erschaffen noch zerstört werden kann? Natürlich wissen wir, daß unsere materiellen Formen zu Staub zerfallen und als Moleküle und Atome, die mit der Luft und dem Boden verschmelzen, wiederverwertet werden. In diesem Sinne wird unsere materielle Energie umgewandelt und nicht zerstört. Aber die Frage bleibt: Warum nehmen wir den Tod wahr? Um diese Frage zu beantworten, müssen wir den Unterschied zwischen dem, was wirklich und was unwirklich ist, erörtern.

Der Unterschied zwischen Wirklich und Unwirklich
Die folgende Wahrheit betrifft Ihr Bewußtsein des Stillen Meisters: Es ist ewig. Obwohl das ironisch klingt, ist unsere Wahrnehmung des Todes und der Auflösung aller Formen in der Welt nur möglich, weil die Ideen im Bewußtsein des Stillen Meisters ewig sind.

Hört sich das wie ein Widerspruch an? Lassen Sie es mich erklären. In Wirklichkeit gibt es keinen Tod. Alles, was anscheinend geboren wird und stirbt, ist nur das Kommen und Gehen einer manifestierten Idee Ihres Bewußtseins des Stillen Meisters. Vielleicht fragen Sie: »Aber ist mit diesem Kommen und Gehen nicht das Sterben gemeint? Wie können Sie sagen, es gäbe keinen Tod, wenn jemand oder etwas fortgeht?«

An diesem Punkt ist es wichtig, zwischen Wirklichkeit und Unwirklichkeit zu unterscheiden. Das einzige, was ›stirbt‹, ist das Unwirkliche. Alles Vergängliche in der materiellen Welt ist nicht auf dieselbe Weise wirklich wie die Ideen Ihres Stillen Meisters. Da Ideen nicht zerstört werden können, bezeichnen wir sie als wirklich. Die Formen, die aus den Ideen entstehen, sind unwirklich, weil sie zerstört werden können.

Das Unzerstörbare ist wirklich. Das Zerstörbare ist unwirklich.

So kann ich mir beispielsweise unter der Idee ›Schönheit‹ leicht etwas vorstellen. Ich kann an Schönheit denken, ob ich nun hier auf der Erde oder im Weltraum bin, weil Schönheit überall existiert. Wenn ich sterbe, wird die Schönheit in der Welt bestehen bleiben. Niemand kann sie zerstören. Schönheit ist ewig und unzerstörbar, weil sie als eine Idee im Bewußtsein existiert. Das liegt in der Natur einer jeden Idee des Bewußtseins: Sie ist ewig.

Wenn ich jedoch einen schönen Gegenstand herstelle, zum Beispiel einen Stuhl mit rotem Samtbezug, ist die Schönheit nicht nur eine Idee, sondern sie hat sich als ein schönes Möbelstück materiell manifestiert. Anders als die Idee hinter ihm, ist der Stuhl zwangsläufig eingeschränkt; das liegt in der Natur einer jeden Manifestation. Im Gegensatz zu der uneingeschränkten, ewigen Idee der Schönheit, die dem Stuhl vorausging, ist dieser örtlich beschränkt und existiert nur in einem verhältnismäßig kleinen Raum. Wenn der Stuhl Feuer fängt, wird diese bestimmte Manifestation von Schönheit ›sterben‹, während die Idee von Schönheit weiterhin lebendig bleibt.

Schönheit und alle anderen Ideen wie Liebe, Harmonie, Frieden, Einheit im Bewußtsein des Stillen Meisters sind also *unendlich*. Das heißt, Schönheit kann sich auf unendlich vielfältige Weise manifestieren und unendlich viele Formen annehmen. Blicken Sie sich jetzt sofort um, wo Sie gerade sitzen, und sehen Sie, wo überall und auf welch mannigfaltige Weise sich die Idee der Schönheit manifestiert hat.

Wenn ich in diesem Augenblick in meinen Garten hinaus-
blicke, sehe ich schöne Pflanzen. Bei mir zu Hause sehe ich
Schönheit. In den Augen der Menschen, die ich kenne, in
Kunstwerken und in der Bewegung von Tänzern sehe ich
Schönheit. Die Idee der Schönheit offenbart sich in den
vielfältigsten Formen überall um Sie herum. Diese Formen
werden nach einiger Zeit verschwinden, aber die Idee der
Schönheit wird niemals vergehen.

Die Ideen in Ihnen sind die wirklichen Dinge im Leben.
Als einer der Kriegsgefangenen nach dem Golfkrieg freige-
lassen wurde, machte er einige interessante Bemerkungen
über die ›Wirklichkeit‹. Er erzählte, daß er während seiner
Gefangenschaft, in der er mit der Möglichkeit seines Todes
konfrontiert war, überhaupt nicht an die materiellen Aspekte seines Lebens – Karriere, Geld, Häuser, Wertpapiere oder
Autos – gedacht hatte, die er verlieren könnte, Dinge, von
denen er glaubte, sie hätten ihm etwas bedeutet. Statt dessen
wandten sich seine Gedanken spontan den wahren Dingen
zu – der Liebe zu seiner Familie, der Teilnahme und der Für-
sorge, wie er sie im Leben mit seiner Frau und seinen Kindern gekannt hatte. Er wandte sich den ewigen Ideen zu, den
Dingen, die weiterbestehen, wenn alles andere zu Staub geworden ist.

Ideen sind schöpferische Energie

Auch wenn wir materielle Ziele verfolgen, sollte es unser vor-
rangiges Ziel sein, uns der wirklichen und ewigen Eigenschaften und Ideen bewußt zu werden, die hinter der Schöpfung unserer materiellen Ziele stehen. Warum? Wenn Sie
Ihre Energie nur auf materielle Formen ausrichten, beschränken Sie sich auf eine Energie, die letztendlich unwirklich und
vielleicht falsch ist.

Angenommen, Sie wollen eine neue, befriedigende Karriere beginnen. An diesem Ziel ist an sich nichts falsch, aber
etwas würde nicht stimmen, falls Sie sich darauf festlegten,
daß nur ein bestimmter Arbeitsplatz in einer bestimmten

Firma ganz in Ihrer Nähe Ihren Bedürfnissen entspräche. Wenn Sie Ihre Energie ganz und gar auf diese eine Stelle konzentrieren, werden Sie sich das Gefühl, versagt zu haben, Enttäuschung und Groll einhandeln, falls Sie dieses Ziel nicht erreichen. Verwenden Sie Ihre Energie vielmehr darauf, Ideen und Eigenschaften wie Selbstwertgefühl, ein richtiges ›Training‹, bestimmte Fertigkeiten und Ausdauer zu entwickeln, die für die gewünschte Arbeitsstelle notwendig sind. Auf diese Weise vorbereitet, hätten Sie die Möglichkeit, eine passende Stelle in vielen Firmen zu finden. Selbst wenn Sie Ihren Arbeitsplatz in einer Firma verlieren sollten, stehen Ihnen weiterhin diese Ideen und Qualifikationen zur Verfügung, mit deren Hilfe Sie sich anderswo eine ähnliche Position schaffen können.

Wenn Sie in Ihrem Leben Liebe haben möchten, werden Sie in ähnlicher Weise keinen Erfolg haben, falls Sie Ihre Energie auf eine bestimmte Person konzentrieren und sich darauf versteifen, daß nur sie Ihren Bedürfnissen entsprechen kann. Richten Sie Ihre Energie vielmehr auf die *Idee* der Liebe, auf die vielen verschiedenen Möglichkeiten, Liebe auszudrücken und Liebe anzunehmen. Dann werden die geeigneten Personen ihren Weg zu Ihnen finden.

Wenn Sie die Energie Ihres wahren Selbst, Ihres Bewußtseins des Stillen Meisters entdecken, werden Sie erkennen, daß es die Ideen beherbergt, die hinter allem stehen, das Sie miterschaffen möchten. Weil Ihre Ideen ewig und unendlich sind, sind Sie ein uneingeschränktes Geschöpf, das über ein uneingeschränktes Manifestationspotential verfügt. Dieser energetische Aspekt von Ihnen ist ewig und unsterblich.

Ihr Leben ist in diesem Augenblick ein Bild der Ideen, die Sie zur Zeit hegen. Wenn Ihnen das Bild, das Sie von Ihrem Leben erschaffen haben, nicht gefällt, müssen Sie die bestimmte Bewußtseinsenergie loslassen, die die Schöpfung der unerwünschten Formen unterstützt hat, und nach der reinen Energie Ihres Bewußtseins des Stillen Meisters in Ihnen greifen.

Die Ideen Ihres Bewußtseins des Stillen Meisters sind rein und vollkommen. Wenn Sie also Ihr Leben verändern wollen, suchen Sie zuerst nach diesen reinen Ideen.

Zwei energetische Werkzeuge: Gedanken und Emotionen

Ihnen stehen zwei grundlegende innere Werkzeuge zur Verfügung, mit denen Sie Ihr wahres Selbst entdecken und Ihr Leben verändern können: Gedanken und Emotionen.

Wenn in Ihrem Leben etwas schiefzugehen droht, werden Sie vermutlich erkennen, daß Ihre Gedanken und Gefühle zu diesem Problem beitragen. Angenommen, jemand stellt fest, daß sein normalerweise erfolgreiches Geschäft auf einmal kurz vor dem Bankrott steht. Vielleicht findet er heraus, daß seine Angestellten leichtsinnig und unzuverlässig geworden sind, einige seiner Verkäufer unehrlich sind und er es versäumt hat, von seinen Kunden Zahlungen für Leistungen einzuziehen. Vielleicht neigt er zunächst dazu, sich als Opfer zu sehen und allen um ihn herum die Schuld für den Ärger zu geben und sie zu kritisieren. Aber schon bald wird ihm klar, daß sich die Situation durch diese Denkweise nicht bessert. Weiterhin davon überzeugt, daß das Problem beileibe nicht bei ihm liegt, versucht er, die Situation in den Griff zu bekommen, indem er bestimmte Angestellte entläßt und seine Kunden auf Zahlung verklagt. Aber auch dadurch lösen sich seine Probleme nicht.

Vermutlich ist es für diesen Geschäftsmann nicht ohne weiteres ersichtlich, daß sich sein Mißerfolg als Folge eines emotionalen Musters herausgebildet hat, beispielsweise der Angst vor dem Erfolg. Vielleicht blühte sein Geschäft anfangs, weil er den guten Wunsch und das lobenswerte Ziel hatte, ein erfolgreiches Unternehmen aufzubauen; tatsächlich kann gerade seine gute Absicht diese Erfolgsangst aus seinem Bewußtsein verdrängt haben. Aber weil er Angst vor dem Erfolg hat, umgibt er sich unbewußt mit Menschen, die helfen, ein Bild des Mißerfolges hervorzurufen – trotz allem ist er derjenige, der die Verkäufer ausgesucht und die unzulänglichen Angestellten eingestellt hat. Seine Angst liegt jedoch wie die meisten Ängste im verborgenen, und es kommt ihm nicht in den Sinn, in seinem Inneren nach der Ursache des Problems zu suchen. Vielleicht ist er auch nicht daran gewöhnt, eine Verbindung zwischen unseren emotionalen Mustern und den Schritten, die wir unternehmen, zu sehen.

Das Streben nach emotionaler Reinheit ist also ein wertvolles Werkzeug für Ihre Zielsetzung. Wenn Sie sich Ihrer emotionalen Muster nicht bewußt sind, dann betrachten Sie die Bilder Ihres Lebens. Wie sehen die Bilder Ihrer Umgebung und Ihrer Beziehungen aus? Sehen Sie Raummangel, Einengung, Zwietracht, Unstimmigkeit, Uneinigkeit, Scheitern, sich wiederholende Konfliktmuster? Seien Sie bereit zu erkennen, daß ein Zusammenhang zwischen Ihren Ängsten, Schwächen, Erwartungen (oder fehlenden Erwartungen) und den Bildern, die Sie sehen, bestehen kann. Seien Sie bereit, sich Ihrer Ängste bewußt zu werden, weil ein emotionales Muster wie Erfolgsangst so lange ein Bild des Mißerfolgs nach dem anderen hervorbringen wird, bis Sie es korrigiert haben.

Wir wenden uns nicht immer sofort nach innen, um die Ursache unserer Probleme herauszufinden. Doch genau das müssen wir lernen, wenn wir eine dauerhafte Veränderung in unserem Leben herbeiführen wollen. Sie können immer professionelle Hilfe in Anspruch nehmen, die Sie dabei unterstützt, geistige oder emotionale Muster zu erkennen und zu verändern. Die Meditation, mit der wir uns gleich befassen werden, ist ein anderer Weg, um in unserem Inneren nach Antworten und Lösungen zu suchen. Auch Ihr Stiller Meister ist bereit, Ihnen zu helfen. Ihr Bewußtsein des Stillen Meisters ist Ihr wahres Selbst und weiß darum, an welchen behindernden und einschränkenden Mustern Sie festhalten. Wenn Sie eine Antwort auf ein Problem benötigen, das Ihr unmittelbares Wissen überschreitet, können Sie sich an Ihren Stillen Meister wenden, um Führung und Wissen zu erfahren.

Geistige, emotionale und körperliche Übungen beschleunigen Ihren Fortschritt

Da wir, dem oben erwähnten Geschäftsmann gleich, das erschaffen, was wir sind, müssen wir unsere geistige und emotionale Energie reinigen, damit wir optimale Kraft und Vollkommenheit in unserem Leben manifestieren können.

Erinnern Sie sich daran, daß es bei einer der sieben Stufen zur Selbstentdeckung und zur inneren Kraft darum geht, das Prinzip, daß Körper und Geist eins sind, zu leben. Was immer in Ihrem Geist geschieht, wird gleich darauf in Ihrem Körper oder in Ihrer materiellen Welt geschehen. Denken Sie immer an dieses Prinzip, wenn wir noch einen anderen der sieben Schritte zur inneren Kraft, nämlich die Reinheit, erörtern werden. Wir werden uns Methoden ansehen, mit denen Sie Ihren Körper, Ihren Geist und Ihre Emotionen reinigen können, so daß die reine Energie Ihres Bewußtseins des Stillen Meisters hervortritt und ein neues, in höherem Maße wahres Leben für Sie hervorbringt.

Ihr Geist ist die Umgebung, die Ihre Ideen, Gedanken und Emotionen beherbergt. Wie jede andere Umgebung auch sollte sie so sauber und rein wie möglich gehalten werden. Oft stelle ich fest, daß Menschen ihre Autos besser behandeln als ihren Geist oder ihren Körper. Ihre Autos werden zumindest regelmäßig gewartet, mit gutem Kraftstoff versorgt und sorgfältig gewaschen und gepflegt. Aber dem Inhalt und der Qualität ihres Geistes – ihrer Gedanken und Gefühle – wird keinerlei Aufmerksamkeit geschenkt!

Da Ihr Bewußtsein des Stillen Meisters vollkommene Reinheit ist, brauchen Sie nicht daran zu arbeiten, sich zu reinigen. Vielmehr müssen Sie daran arbeiten, die unreinen Gedanken und Gefühle aus Ihrem Geist und Ihrer Umgebung zu verbannen. Sie werden das eliminieren, was nicht zu Ihnen gehört, um das zu Ihnen Gehörige hervortreten zu lassen.

Wie werden Sie das tun? Mit der *Konzentration* und der *Visualisierung* stehen Ihnen zwei wichtige geistige Werkzeuge zur Verfügung. Wir werden auf diese Konzepte und andere Techniken, mit denen Sie Ihre geistige und emotionale Energie reinigen können, näher eingehen.

Konzentration bündelt die Energie

Sowohl die Konzentration als auch die Visualisierung sind Meditationstechniken. Sie fördern die Reinheit, denn sie verlangen, daß Sie Ihren Brennpunkt eingrenzen. Warum sollen Sie Ihren Brennpunkt eingrenzen? Weil ein klarer, eingegrenzter Brennpunkt Ihnen hilft, das, was Sie nicht möchten, von dem Gewünschten zu trennen.

Die Grundregel lautet: Worauf Sie sich auch konzentrieren und was Sie auch visualisieren, Sie beschleunigen seine Manifestation. Es wurde bereits dargestellt, daß Ihre Gedanken schöpferische Energie sind. Konzentration und Visualisierung sind Methoden, um mit Hilfe dieses Bewußtseins ein gewünschtes Ziel zu fokussieren und zu energetisieren.

Konzentration bedeutet, daß Sie etwas – eine Idee, ein Gefühl, eine Vorstellung – geistig fokussieren und alles andere aus Ihrer geistigen Umgebung ausschließen. In der heutigen Zeit ist es nicht leicht, sich zu konzentrieren, da man ständig von den aggressiven Bildern und Geräuschen der Medien überflutet wird. Das Fernsehen hat uns beigebracht, passive Opfer äußerer Reize zu sein. Sie müssen in der Lage sein, äußere Reize auszuschließen und sich nach innen zu wenden. Es bedarf völliger Aufmerksamkeit, sich richtig zu konzentrieren, und vermutlich müssen Sie erst üben, bevor Sie diese Kunst beherrschen.

Konzentration erfordert Stille, Ausdauer und Selbstbeherrschung. Sie können Konzentrationsübungen im Rahmen einer formellen Meditation durchführen, aber auch im Alltag in alle möglichen Tätigkeiten einflechten. (Damit werden wir uns im sechsten Kapitel beschäftigen.)

Konzentration ist eine Disziplin. Wenn Sie Ihren Geist durch Konzentration disziplinieren, wird er zu einem Schüler. Sie helfen ihm zu lernen, nur das zu fokussieren, was Sie erschaffen möchten, und nicht in einem Eintopf aus unerwünschten, selbstzerstörerischen Gedanken zu brodeln und zu köcheln.

Mit dem folgenden einfachen Meditationsprogramm können Sie Ihre Konzentrationsfähigkeit überprüfen oder entwickeln:

1. Setzen Sie sich hin, kreuzen Sie Ihre Beine und legen Sie Ihre Hände an die Seiten oder in den Schoß.
2. Rhythmisieren Sie Ihre Atmung für einige Minuten, indem Sie beim Ein- und Ausatmen jeweils bis sechs zählen. Das allein ist schon eine Konzentrationsübung, durch die sich Ihre Atmung zwangsläufig verlangsamt. Wenn Sie langsamer atmen, zählen Sie beim Ein- und Ausatmen länger.
3. Sobald Sie sich ruhig und entspannt fühlen, denken Sie nicht mehr an Ihre Atmung und erlauben Sie sich, normal zu atmen, so wie es Ihr Körper wünscht.
4. Wählen Sie einen Gedanken, dessen Manifestation Sie beschleunigen möchten, zum Beispiel: *Die Lösung zu diesem Problem ist hier und jetzt und zeigt sich mir auf die richtige Weise zur rechten Zeit, oder: Ich besitze all das Geld, um meine Ausgaben in vollem Maße bestreiten zu können.* Während Sie im Geiste diese Worte sagen, lassen Sie diese Vorstellung mit einem Gefühl des Friedens und der Akzeptanz energetisch aufladen. Obwohl die Vorstellung noch nicht Form angenommen hat, beschreiben Sie sie so, als wäre sie bereits verwirklicht, und machen Sie sich keine Gedanken darüber, wie sich die Einzelheiten manifestieren werden. Vielleicht stellen Sie fest, daß Sie sich zwischen den Worten und dem Gefühl, das Ihre Worte begleitet, hin und her bewegen und dabei das eine oder

das andere fokussieren können, ohne von der Vorstellung abzuweichen.

5. Bei Ihrer Konzentrationsübung werden Sie wahrscheinlich bemerken, daß andere Gedanken – manchmal auf aggressive Weise – auf Sie einstürzen, und irgendwann stellen Sie möglicherweise fest, daß Sie den roten Faden völlig verloren haben. Das ist der undisziplinierte Geist in Aktion. Er kann wirklich sehr geschickt darin sein, Sie aus Ihrer Konzentration zu reißen und auf eine andere Spur zu bringen.

6. Sobald Sie merken, daß andere Gedanken einfließen oder Sie nicht mehr konzentriert sind, wehren Sie sich nicht und kämpfen Sie nicht dagegen an. Lassen Sie die neuen Gedanken los und kehren Sie ruhig, aber bestimmt, zum Brennpunkt Ihrer Konzentration zurück. Wenn Sie damit fortfahren, wird Ihr Geist schließlich ›lernen‹, Ihre Konzentration nicht zu stören. Aber möglicherweise müssen Sie sehr viel üben, bis Sie es zur Meisterschaft bringen.

Verwenden Sie bei Ihren Konzentrationsübungen immer positive Begriffe. Konzentrieren Sie sich niemals auf Aussagen wie »Ich bin nicht arm«, sondern sagen Sie: »Ich bin mit allem versorgt.« Wenn Sie etwas verneinend ausdrücken, konzentrieren Sie sich in Wirklichkeit auf die Verneinung.

Sie können eine ähnliche Konzentrationsübung den ganzen Tag über durchführen, indem Sie versuchen, sich beim negativen Denken zu ertappen und diese negativen Gedanken durch Affirmationen zu ersetzen. Das ist besonders nützlich, wenn Sie beispielsweise versuchen, eine körperliche Krankheit zu heilen. Dadurch, daß Sie sich den ganzen Tag konzentrieren, können Sie Ihre Gedanken bewußt vom Schmerz (oder vom Phänomen der Krankheit) abwenden, sobald er Eingang in Ihren Geist findet. Eine solche Disziplin wirkt Wunder, wenn es darum geht, etwas, das in Ihr Leben eingedrungen ist, auszumerzen – einfach dadurch, daß Sie Ihre Aufmerksamkeit darauf richten.

Sie können die oben beschriebene Meditation auch durchführen, ohne daß Sie sich auf etwas Bestimmtes konzentrieren. Die einfache Absicht, sich für das Wissen um Ihren Stillen Meister öffnen und sein Licht, seinen Frieden und seine
Ruhe erfahren zu wollen, ist eine erfrischende und energeti-
sierende Meditation.

Visualisierung bringt Gedankenenergie hervor

Es wurde bereits gesagt, daß materielle Formen die Bilder
unserer Ideen im Bewußtsein sind. Erinnern Sie sich daran,
daß alles, was Sie sehen, zuerst als Gedanke existierte, mit
dem Sie sich getragen haben. Wenn Sie das Bild verändern
wollen, müssen Sie auch und vor allem an den Gedanken
und nicht nur am Bild arbeiten.

Angenommen, Sie betrachten das auf einer Leinwand pro-
jizierte Bild eines 35-mm-Diapositivs. Das, was Sie auf der
Leinwand sehen, stammt von dem Dia im Projektor. Alle
Zeichnungen, die Sie auf der Leinwand vornehmen, um das
Bild zu verändern, werden sich nicht auf das Dia auswirken.
Die Dias im Projektor sind wie die Gedanken im Bewußtsein. Ebenso, wie Sie Änderungen am Dia vornehmen müssen, wenn Sie ein anderes Bild auf der Leinwand sehen wollen, müssen Sie an Ihren Gedanken, Einstellungen und
Erwartungen arbeiten, um ein anderes Bild von Ihrer Welt zu
erhalten.

Vielleicht wissen Sie nicht genau, wie Sie Ihr Denken formen sollen, um die richtigen Gedanken zu fokussieren, wenn
Sie möchten, daß sich etwas Bestimmtes manifestiert. In diesem Fall ist die Visualisierung hilfreich. Da die sichtbare
Form ein Bild Ihrer Gedanken ist, verbinden Sie sich zwangsläufig mit dem zu dem Bild gehörenden Gedanken, wenn Sie
an das Bild denken. Dadurch, daß Sie das Bild einer gewünschten Manifestation visualisieren, bringen Sie es durch
Energie zu Form.

Da Bilder mit Gedanken verbunden sind, besitzen sie genauso wie Gedanken Energie. Die Energie in Ihren geistigen

Bildern unterstützt ihre materielle Manifestation. Weil geistige Bilder über schöpferische Energie verfügen, sollten Sie darauf achten, was Sie mit Ihrem geistigen Auge betrachten. Wieviel Zeit verbringen Sie damit, vergangene Ereignisse zu visualisieren, die Sie aus Ihrem Gedächtnis streichen wollen? Wir neigen dazu, bei den Problemen zu verweilen, die uns mißfallen, und visualisieren und wiederholen sie oft mit großer Leidenschaft und Intensität. Diese Tätigkeit hält die unerwünschte Energie nur ›lebendig‹ und arbeitet gegen die Energie aller anderen positiven Bilder, die wir hervorrufen möchten.

Ebenso, wie Sie Ihr Denken reinigen, indem Sie auswählen, auf welche Gedanken und Wörter Sie sich konzentrieren werden, müssen Sie die Bilder reinigen, die Sie visualisieren wollen. Für Ihre Visualisierung können Sie die beschriebene Meditation, bei der Sie sich auf einen Gedanken konzentrieren, zu Hilfe nehmen. Dabei verweilen Sie jedoch nicht bei den Worten, die einen Gedanken, den Sie manifestieren wollen, beschreiben, sondern bei dem Bild, dessen Manifestation Sie sich wünschen, und gestatten anderen Bildern nicht, Eingang in Ihren Geist zu finden.

Vielleicht fällt Ihnen das Visualisieren schwer: Genauso, wie belanglose Gedanken versuchen, den Brennpunkt Ihrer Konzentration zu verschieben, können viele andere Bilder und Vorstellungen Ihre Visualisierung stören. Wehren Sie sich nicht gegen die Ablenkung und kämpfen Sie nicht dagegen an, sondern kehren Sie jedesmal, wenn Sie sich beim Abschweifen ertappen, sanft zu Ihrer Visualisierung zurück. Bald wird Ihr Geist folgsam lernen, daß Sie Störungen nicht akzeptieren. Natürlich können Sie Worte und Bilder zugleich in Ihrer Visualisierung einsetzen.

Kerzenmeditation

Die folgende visuelle Meditation hilft mir gewöhnlich, mein Bewußtsein meinem spirituellen Selbst zu öffnen. Seit Tausenden von Jahren werden zu diesem Zweck Kerzen und besondere Rituale mit Feuer oder Licht eingesetzt, denn das Licht hat eine besondere mystische Bedeutung für unser inneres Wesen. Es ist kein Zufall, daß Kerzen angezündet werden, um zu besonderen Anlässen oder bei außergewöhnlichen Ereignissen Respekt zu zeigen, verehrten Personen Ehre zu erweisen, eine besondere Botschaft zu übermitteln – wie Demonstranten es tun, die auf einem Marsch brennende Kerzen tragen – oder die Bedeutsamkeit religiöser Zeremonien zu unterstreichen. Intuitiv wissen wir, daß unser inneres Wesen Licht ist, und die Kerze hilft uns, unsere Aufmerksamkeit auf unser spirituelles Wesen zu richten, besonders dann, wenn wir Hilfe über unsere materiellen Bemühungen hinaus benötigen. Die Flamme erinnert uns an unser reines Wesen – die Klarheit, die Wärme, das Leben und die Liebe –, das in unserem Bewußtsein des Stillen Meisters brennt.

In der biblischen Schöpfungsgeschichte beispielsweise lautet der erste Schöpfungsbefehl: »Es werde Licht! Und es ward Licht.« Die erste und reinste Form der materiellen Manifestation ist Licht.

Desgleichen ist das Licht die erste und reinste materielle Manifestation Ihres Bewußtseins des Stillen Meisters. Das Licht ist die Verbindung zwischen der Person, die Sie als reines Bewußtsein sind, und der Person, die Sie als Materie sind. Reines Licht ist ungeformt und ungestaltet wie reines Bewußtsein, und gleichzeitig ist es das Medium, das sich selbst zur materiellen Manifestation formt und gestaltet. Es ist die Verbindung zwischen dem Geformten und dem Ungeformten. Die Kerzenmeditation verbindet Sie mit diesem Aspekt von Ihnen – und energetisiert diesen inneren Aspekt Ihres Wesens, indem sie ihn zum Brennpunkt macht.

Entzünden Sie eine Kerze an einem ruhigen Ort, wo Sie allein sein können. Während das Licht brennt, lassen Sie das Gefühl in sich entstehen, daß Sie mit der Flamme verschmelzen. Dabei ist Ihnen bewußt, daß Sie eins werden mit dem Licht Ihres inneren Wesens, wenn sich Ihre Wahr-

nehmung mit der Flamme verbindet. Dieser Akt des Ker-
zenanzündens ist wie der Schöpfungsbeginn. Sie sagen: »Es
werde Licht in meinem Leben.« Sie erlauben Ihrem Geist,
sich nur auf die Flamme zu konzentrieren, um ihn zu beru-
higen und jegliche unruhigen Gedanken und Gefühle, die
Sie vielleicht abzulenken versuchen, zum Schweigen zu
bringen. Je stiller, ruhiger und konzentrierter Ihr Geist ist,
um so offener werden Sie dafür, die schönen, klaren Ein-
drücke Ihres Stillen Meisters aufzunehmen.

Nehmen Sie sich für diese Meditation so viel Zeit, wie Sie
möchten.

Körperliche Disziplin hilft, Sie energetisch aufzuladen

Manche Menschen sagen: »Ich habe keine Zeit, mich jetzt
sofort um körperliche Disziplin zu kümmern. Ich habe andere Probleme. Alles, was ich im Augenblick möchte, ist,
Ordnung in mein Leben zu bringen.«

Wie ich schon sagte, sind Körper und Geist eins. Weil Ihr
Körper mit Ihrem Geist verbunden ist, werden Sie auch Herr
Ihres Geistes sein, sobald Sie Herr Ihres Körpers werden.
Und natürlich umgekehrt. Welche Techniken Sie auch für
Ihren Geist einsetzen, sie werden sich immer auf Ihren Kör-
per auswirken.

Weil Ihr Körper und Ihr Geist eine Einheit bilden, können
Sie mit körperlichen Übungen Ihren Geist reinigen. Denken
Sie daran, daß sich Ihre Energie erhöht, wenn Sie Ihren Geist
und Ihren Körper reinigen. Und Sie reinigen Geist und Körper, indem Sie alles unternehmen, um Einschränkungen zu
beheben. Weil Körper und Geist eins sind, werden Sie mit
den körperlichen Einschränkungen auch gleichzeitig geistige Einschränkungen überwinden.

Das ist ein auf Gegenseitigkeit beruhender Prozeß. Wenn
Sie beispielsweise Ihren Körper antreiben, einen Kilometer
zusätzlich zu laufen, einen Kilometer mehr als am Tag zuvor,
übermitteln Sie Ihrem Geist die folgende Botschaft: »Ich

kann wachsen, ich kann mich verändern, ich kann Grenzen überschreiten.« Durch diese gute Botschaft, die Ihr Geist empfängt, wenn Sie von Ihrem Körper eine Extraleistung verlangen, wird ein Prozeß in Gang gesetzt, der Sie zu noch besseren Leistungen, und nicht nur beim Laufen, anspornen wird. Die Botschaft wird auf andere Bereiche in Ihrem Leben übergreifen. »Ich kann wachsen, ich kann mich verändern, ich kann Grenzen überschreiten« – diese Einstellung könnte neue und bessere Vorgehensweisen in Ihrer beruflichen Beschäftigung hervorrufen, die auf eine Beförderung oder eine bessere Position hinauslaufen.

Ihr Körper verdient Respekt

Ihr Körper ist die großartigste Schöpfung, die Sie besitzen. Er ist die *Verkörperung* der Gedanken in Ihrem Bewußtsein des Stillen Meisters. So wie Sie lernen, Ihren Geist richtig zu gebrauchen, sollten Sie daran denken, wie wichtig es dann erst ist, daß Sie mit Ihrem Körper genauso respektvoll und untadelig wie mit Ihrem spirituellen Bewußtsein umgehen und ihn pflegen. Ebenso, wie Sie Ihr Denken richtig einsetzen und trainieren, sollten Sie Ihren Körper richtig einsetzen und trainieren. Sie haben angefangen zu lernen, daß es viel mehr gibt, das Sie mit Ihrem Geist tun können; finden Sie nicht, daß Sie auch mit Ihrem Körper viel mehr tun können?

Körperliche Disziplin wirkt sich auf die Disziplinierung des Geistes aus. Disziplinieren Sie Ihren Geist, und Sie stärken Ihren Körper.

Dankbarkeit ist der erste Schritt. Was ist, wenn Sie nur bestimmte Teile Ihres Körpers benutzen können? Haben Sie schon einmal darüber nachgedacht, was Sie tun würden, wenn Sie nur einen Arm hätten? Oder überhaupt keine Arme? Oder kein Augenlicht? Die meisten Personen, die in meine Kampfsportschule eintreten, sind körperlich gesund und nehmen ihren Körper als selbstverständlich hin. Aus diesem Grund lasse ich sie manchmal etwas versuchen, was sie für normale alltägliche Dinge halten, wobei sie ihre Beine,

Arme oder Augen jedoch nicht benutzen dürfen. Ihnen wird sehr schnell klar, wie kompliziert die Bewegungen ihrer Hände sein können oder wie kostbar ihr Augenlicht ist. Ihr Körper ist ein wunderbares Geschenk. Nutzen Sie ihn, pflegen Sie ihn, stärken Sie ihn. Lassen Sie ihn nicht brachliegen und nehmen Sie ihn nicht als selbstverständlich hin.

Wie alles andere wird auch die Nahrung vom Bewußtsein hervorgebracht. Da Ihr Körper der Tempel Ihres Bewußtseins des Stillen Meisters ist, sollten Sie ihm die liebevolle Ernährung und Bewegung geben, die Ihre Absicht, rein, wirklich und ganz zu sein, zum Ausdruck bringen.

Essen ist Energieaustausch

Wenn Sie Lebensmittel zubereiten und essen, machen Sie die Energie im Obst und Gemüse, Getreide oder Fleisch nutzbar, die auf Ihre Energie einwirkt, wodurch mehr Energie erzeugt wird. Es ist ganz natürlich, daß Sie immer die qualitativ besten Lebensmittel zu sich nehmen möchten. Aber manche Leute fragen mich, was sie auf Reisen tun sollen, wenn sie zuweilen Fast food essen müssen. Weil Lebensmittel im Bewußtsein existieren, verfügen sie über Bewußtseinsenergie. Beim Essen führen Sie diese Energie Ihrem Körper zu. Wenn in einer Situation Fast food Ihre einzige Wahl ist, denken Sie daran, daß Sie mit Hilfe Ihrer positiven Einstellung die bestmögliche Energie aus dieser Ernährung ziehen können, bis eine bessere Auswahl verfügbar ist.

Ihre Einstellung gegenüber dem, was Sie essen – ob nun Gemüse oder Hot dogs –, ist am wichtigsten. Natürlich haben Gemüse und Hot dogs einen unterschiedlichen Nährwert. Wählen Sie die reinsten, qualitativ höchsten Lebensmittel, die Ihnen unter diesen Umständen möglich sind.

Die Energie in Lebensmitteln ist nicht immer gleich. Äpfel, die in einer Umgebung der Gier, des Kommerzes und der Vernachlässigung wachsen, werden eine andere Energie haben als Äpfel, die aus einem Obstgarten stammen, in dem sich der Landwirt liebevoll um die Bäume kümmert, ihnen die beste Pflanzennahrung und Erde bietet und Umweltgifte beseitigt. Das mit dem Wachstum verbundene Bewußtsein ist in beiden Fällen ein anderes.

Ebenso wird die Energie, die Sie bei der Essenszubereitung einbringen, die Qualität des Ergebnisses beeinflussen. Haben Sie Ihr Essen mit Liebe, Sorgfalt und dem Willen, zu nähren, zubereitet? Oder mit Gefühlen der Wut und des Grolls, der Ängstlichkeit und der Eile? Die Nährqualität einer Mahlzeit, die Sie einnehmen, wird, ob sie nun auf die eine oder die andere Art zubereitet wurde, der Energie und der Absicht des Zubereitenden entsprechen.

Atmen ist Energie in Aktion

Wie die Ernährung ist die Atmung die Manifestation eines Gedankens im Bewußtsein. Die Atmung ist der materielle Weg, auf dem Sie Ihre Verbindung zur Lebenskraft Ihres Bewußtseins des Stillen Meisters herstellen. Wie Sie Luft einatmen und wieder ausatmen, entspricht auch dem, wie Sie die Lebenskraft Ihres wahren Selbst aufnehmen; Sie können diese Lebenskraft aufnehmen, weil Sie mit ihr verbunden sind, so wie Ihr physisches Atmen mit der Luft ›verbunden‹ ist.

Atemübungen können ein wirkungsvolles Werkzeug im energetisierenden Prozeß sein, weil sie helfen, Sie mit Ihrer Lebenskraft zu verbinden. Vermutlich ist Ihnen bekannt, daß viele verschiedene Ärzte und Therapeuten Atemübungen bei verletzten, ängstlichen oder unter Schock stehenden Patienten einsetzen, um ihnen die Selbstkontrolle zurückzugeben.

Dadurch, daß Sie sich bewußt mit Ihrer Atmung verbinden, verbinden Sie sich bewußt mit Ihrer Lebenskraft. Ihre Atmung verbindet Sie direkt mit Ihrer inneren Kraft. Wenn Sie die Kontrolle über Ihre Atmung ausüben, üben Sie generell die Kontrolle über Ihre innere Kraft aus. Aus diesem Grund lernen schwangere Frauen Atemtechniken, um den Geburtsvorgang kontrollieren und die Schmerzen lindern zu können.

All Ihre Körperprozesse, Gedanken und Emotionen reagieren auf Veränderungen in Ihrer Atmung. Demzufolge können Sie dadurch, daß Sie Ihre Atmung verändern, Einfluß auf Ihren geistigen und emotionalen Zustand nehmen. Ist Ihnen aufgefallen, daß Sie tief und langsam atmen, wenn Sie gedankenversunken und gesammelt sind und sich intensiv auf etwas konzentrieren? Wenn Sie ängstlich und aufgeregt sind, ist Ihre Atmung flach und schnell. Wenn Sie unter Schock stehen, erschreckt oder extrem wütend sind, kann Ihre Atmung sogar momentan aussetzen. Aber wenn Sie Ihre Atmung bewußt kontrollieren und verlangsamen, werden Sie sich geistig oder emotional allmählich beruhigen. Aus diesem Grund sollten Sie vor Beginn Ihrer Meditation Ihre Atmung bewußt verlangsamen. Auf diese Weise haben Sie die Kontrolle über Ihren Geist und unterstützen ihn dabei, einen ruhigen, konzentrierten, empfänglichen Zustand zu erreichen, der notwendig ist, damit Sie mit der eigentlichen Meditation beginnen können.

Körperliche Bewegung ist Energie in Bewegung

Wenn Sie ein höheres Maß an körperlicher Freiheit erreichen wollen, müssen Sie verstehen, daß Ihr Körper sehr stark auf Ihren Geist reagiert, während Ihr Geist auf das, was Sie mit Ihrem Körper anstellen, anspricht. Freie körperliche Bewegung ist ein Abbild der freien Beweglichkeit des Bewußtseins. Haben Sie schon einmal versucht, in Ihrer Lieblingssportart gut zu spielen, wenn Ihr Geist von einer beunruhigenden Situation in Anspruch genommen war? Vielleicht haben Sie bemerkt, daß Ihr Körper sich in Zeiten der Angespanntheit und Nervosität nicht frei und leicht bewegt. Der angespannte Zustand führt buchstäblich dazu, Ihre Muskeln erstarren zu lassen. Und auch das Gegenteil trifft zu: Wenn Sie sich glücklich und entspannt fühlen, bewegen Sie sich gewöhnlich auch frei und leicht.

Sogar die Schulmedizin erkennt den Zusammenhang von Körper und Geist in der Physiotherapie an. Wenn jemand nach einem Unfall wieder das Laufen lernen muß, durchlebt er viele emotionale und geistige Veränderungen im Prozeß der Reaktivierung der Gehmuskeln. Therapeuten arbeiten nicht nur an den Muskelgruppen, sondern auch an den Einstellungen der Patienten.

Lassen Sie sich von Ihrem Körper helfen, bessere geistige Konzepte zu entwickeln. Da Ihr Körper mit dem Bewußtsein verbunden ist, sollten Sie auf Ihre körperliche Befindlichkeit achten und verstehen lernen, was sie Ihnen über Ihr Denken mitteilen möchte. Ihr Körper offenbart Ihnen – auf die eine oder die andere Weise – Ihren geistigen Zustand. Deprimierte Menschen haben eine krumme Haltung und einen schlurfenden Gang. Glückliche Menschen zeichnen sich durch einen elastischen und leichten Gang aus. Was will Ihr Körper Ihnen sagen, wenn er müde und schwerfällig zu sein scheint, obwohl Sie gesund sind und genügend Ruhe hatten? Was wollen Sie nicht tun? Wozu sind Sie ›zu müde‹, um sich damit auseinanderzusetzen oder es zu überwinden? Was hängt Ihnen ›zum Halse heraus‹?

Auch Ihre Gesundheit spiegelt die Qualität Ihres geistigen Zustandes wider. Haben Sie schon einmal darauf geachtet, daß die Symptome von Erkältungen und Weinen ähnlich sind? Trifft es nicht zu, daß Schniefen, tränende Augen, eine heisere Stimme, ein angespannter, schmerzender Brustkorb und ein schwerfälliger Körper dieselben typischen Erscheinungen sind, wenn Sie erkältet oder traurig sind, wenn Sie Schmerzen haben oder weinen? Bei chronischer Niedergeschlagenheit funktioniert Ihr Immunsystem außerdem nicht, um Sie vor Viren zu schützen. Wenn Sie also erkältet sind, überzeugen Sie sich davon, ob sich hinter Ihrem geschwächten Immunsystem nicht vielleicht doch ein emotionaler Schmerz verbirgt, dem Sie sich nicht gestellt haben. Sie werden überrascht sein, wie schnell eine Erkältung verschwindet, sobald Sie sich mit dem geistigen Schmerz auseinandergesetzt haben und dadurch Ihr Immunsystem wieder gestärkt ist.

Selbst wenn Sie keine ›körperliche‹ Person sind – *beson-*

ders wenn Sie keine körperliche Person sind –, versuchen Sie, mehr körperliche Aktivität von sich zu fordern. Senden Sie Ihrem Geist durch diese Forderung die Botschaft, daß Sie freier und uneingeschränkter sein wollen, ob das nun bedeutet, daß Sie eine Art Heilung erhalten, eine bessere Kondition erlangen oder einfach Ihr Selbstbild erweitern.

Wenn Sie sich körperlich antreiben und Forderungen an sich stellen, um größere körperliche Freiheit zu gewinnen, können Sie dabei nur spirituell wachsen. Sie bestehen darauf, daß sich die Freiheit Ihres ursprünglichen Selbst körperlich und materiell manifestiert. Aus diesem Grund spielt das körperliche Training eine wichtige Rolle bei dem von mir gelehrten Jung SuWon. Auf die Disziplinierung des Körpers, mehr Kraft und Leistungsfähigkeit zu akzeptieren, reagiert Ihr Geist mit mehr Kraft und Leistungsfähigkeit. Dieses wechselseitige Spiel wirkt energetisierend. Je mehr Einschränkungen Sie überwinden, um so stärker können Sie Ihre natürliche Energie erfahren.

Jede Form des körperlichen Trainings, das Sie ausüben, wird Ihnen helfen, Ihre körperliche Freiheit zu entfalten. Es muß kein Kampfsport sein. Lassen Sie es im Rahmen Ihrer spirituellen Reise zu, daß körperliche Betätigung einen Platz in Ihrem Leben erhält. Körper und Geist sind eins: Wenn Sie das eine entwickeln, entwickeln Sie auch das andere. Die körperlichen Fähigkeiten sind nicht bei allen gleich. Während Ballett für eine Person das Richtige sein kann, ist der körperliche Aspekt der Gartenarbeit für eine andere eine geeignetere Wahl und Herausforderung.

Wechselwirkung von Energiefeldern

Ein typisches Merkmal der Energie ist ihre Dynamik – das heißt, sie verhält sich nicht statisch. Sie brauchen sich nur mit elektrischer Energie zu beschäftigen, um zu verstehen, wie sich Energiefelder bewegen, sich gegenseitig anziehen, abstoßen und beeinflussen. Mit Ihrer Energie ist es nicht anders.

So wie Sie beispielsweise Energie in Ihr Gemüse einbringen, wenn Sie es anbauen oder zubereiten, lassen Sie Ihre Energie in Ihre Umgebung einfließen. Ein Zimmer voller Menschen erzeugt ein Energiefeld, das je nach Absicht des einzelnen positiv oder negativ sein kann. Hat er die Absicht, zu harmonisieren und zu kooperieren? Oder beabsichtigen viele verschiedene Menschen, ihren Willen durchzusetzen? Wir alle haben in der Familie oder in anderen Gruppen erfahren, daß man die Resultate des einen oder des anderen Feldes – Unterdrückung oder Freude – spüren kann.

Die reinen Gedanken und Gefühle des Bewußtseins des Stillen Meisters stammen von einer höheren energetischen Ebene als negative Gedanken und Gefühle. Liebe ist eine höhere Energie als Haß, Großzügigkeit ist eine höhere Energie als Gier, Einheit ist eine höhere Energie als Konflikt, Harmonie ist eine höhere Energie als Unstimmigkeit. Alle diese energetischen Zustände können im Bewußtsein existieren, aber ein höherer Energiezustand bewirkt die Aufhebung eines niedrigeren.

Die beste Verteidigung ist die hohe Energie der Liebe

Den Gesetzen der Elektrizität zufolge fließt elektrische Energie von einem positiven in einen negativen Zustand. Ihre Energie verhält sich wie elektrische Energie. Wenn Sie also einen hohen positiven Energiezustand manifestieren und mit einem niedrigeren negativen Energiezustand in Berührung kommen, bewegt sich die Energie von Natur aus von dem höheren in einen niedrigeren Zustand und nicht umgekehrt. Das bedeutet: Wenn Sie einen hohen, positiven Energiezustand manifestieren und in die Nähe eines niedrigen Energiezustandes (zum Beispiel einer Gruppe von ablehnenden oder aufgebrachten Menschen) geraten, wird eine von zwei Möglichkeiten eintreten. Einerseits kann die negative Energie Sie erschöpfen: Vielleicht werden Sie müde oder auch aufgebracht. Aber wenn Sie andererseits Ihren Willen und Ihre positive Haltung einsetzen, um Ihr hohes Energieniveau zu bewahren, werden Sie den negativen Zustand aufheben. Das ist die Kraft der Liebe. Durch bewußte Liebe erzeugen Sie ein Feld, das Übelwollen, Unrecht oder Kränkung nicht aufnehmen kann. Von allen Möglichkeiten bietet die Liebe den besten Schutz.

Wie bewahren Sie Ihre Liebe in einer negativen Umgebung? Lassen Sie zu, sich der negativen Situation bewußt zu werden, weil Ignorieren eine Form der Akzeptanz wäre und Sie auslaugen könnte. Dann weigern Sie sich, auf das Negative emotional zu reagieren, denn durch eine solche Reaktion führen Sie Ihre Energie der negativen Situation zu. Konzentrieren Sie sich einfach auf Ihren positiven Zustand und bestätigen Sie sich, daß die Wirklichkeit Ihres geistigen Zustandes über die Kraft verfügt, einen niedrigeren negativen Zustand aufzuheben oder umzuwandeln. Dieser Vorgang läuft still in Ihrem Bewußtsein ab. Ihre Präsenz erledigt die ganze Arbeit, weil sie das positive Feld ist, das durch die Liebe in Ihrem Bewußtsein hervorgerufen wird.

Eine Person in einem Geisteszustand der wahren Liebe kann in einen Raum voll wütender Menschen treten und innerhalb von Minuten für Ruhe sorgen. Demzufolge schaffen Sie in Ihren Beziehungen Harmonie oder Disharmonie, je nachdem, wie Sie Ihr Bewußtsein kontrollieren.

Ihre Umgebung ist ein Abbild Ihres Selbstbildes

Der Mensch neigt dazu, sich eine Umgebung zu suchen, deren Energie seiner eigenen ähnlich ist. Menschen, die zusammenkommen und zusammenbleiben, neigen dazu, sich auf der gleichen energetischen Ebene zu bewegen.

Vielleicht ist Ihnen aufgefallen, daß Menschen durch die Anerkennung, die sie in Gruppen finden, ermutigt werden, auf dieser energetischen Ebene zu verharren. Wenn Sie beispielsweise einer Gruppe angehören, die gern über andere tratscht, wird man Sie akzeptieren und unterstützen, solange

Sie mitmachen. Manchmal üben Gruppen aus guten Gründen Druck aus. Die Sache ist die, daß Sie wählen möchten, zu welcher Gruppe Sie gehören wollen oder nicht, so daß Sie die Kontrolle über Ihre Energie behalten. Sie wollen kein Opfer von Gruppenzwang sein.

Wenn Sie versuchen, Ihre Energie zu reinigen, sollte es Ihnen bewußt sein, wo Sie verkehren. Der Grund dafür ist nicht der, daß Sie Angst vor jeder Umgebung haben, sondern einfach der, daß Sie Ihre Energie in eine bestimmte Richtung lenken möchten. Einer meiner Schüler besuchte beispielsweise einen Ort, an dem er mehrere Jahre gelebt hatte, bevor er mit Jung SuWon anfing. Während seines Aufenthaltes ging er in eine seiner alten Stammkneipen. Als er das Lokal betrat, war er verblüfft, daß er dort jemals seine Zeit verbracht hatte. Es war dunkel und roch entsetzlich, und der Lärm war laut und unerträglich. Zuerst wollte er sofort wieder gehen. Er hatte sich so sehr verändert, daß ihm das Lokal fremd und unangenehm erschien. Aber dann sah er einige Bekannte und beschloß, doch noch ein wenig zu bleiben, um nicht unhöflich zu wirken. Er erzählte mir, daß er innerhalb von zehn Minuten aufgehört hatte, sich an der Dunkelheit, dem Gestank und dem Lärm zu stoßen. Alles, was einige Minuten zuvor noch so unangenehm gewesen war, wurde einfach unwichtig.

Diese Geschichte verdeutlicht, was ich mit dem Abfließen Ihrer hohen Energie meine, wenn Sie dem nicht bewußt vorbeugen. Um Rückschläge zu verhindern, sollten Sie nicht allzu selbstsicher sein, wenn Sie anfangen, Fortschritte bei der Vermehrung Ihrer Energie zu erzielen. Selbstvertrauen spielt eine wichtige Rolle dabei, Ihre Energie positiv und konstruktiv zum Ausdruck zu bringen, aber Sie dürfen nie so selbstsicher sein, daß Sie unklugerweise in Ihrer Wachsamkeit nachlassen. Dieser Schüler entspannte seine Geisteshaltung, weil es ihm nicht bewußt war, wie schnell die Energie vermindert werden kann, wenn man sich nicht sorgfältig dagegen schützt. Die Folge war, daß er auf ein niedrigeres Niveau abglitt. Diese Erfahrung war ihm eine große Lehre, und er erkannte, daß noch viel Arbeit vor ihm lag, um seinen reinen Geisteszustand zu schützen.

Wenn Sie den Weg der Entdeckung Ihres wahren Selbst beschreiten, werden Sie von Ihrem Bewußtsein des Stillen Meisters angeleitet, in welche Richtung Sie Ihre Energie lenken und wie Sie sie reinigen können. Sie werden sich dabei ertappen, daß Sie spontan eine Vorliebe für bestimmte Lebensmittel entwickeln, bestimmte Bewegungsarten bevorzugen und sich zu bestimmten Aktivitäten hingezogen fühlen. Diese Wünsche werden manchmal etwas Zwingendes an sich haben; es ist das Gefühl, daß Sie etwas Bestimmtes tun müssen. Aber Sie werden durch die Richtung, die Sie einschlagen, auch Frieden und Harmonie spüren.

Seien Sie willens, für die Führung der Liebesenergie empfänglich zu sein und Ihre Richtung zu ändern. Dieses In-sich-Hineinhorchen wird ein wichtiger Aspekt der Lebensanalyse sein, mit der wir uns im nächsten Kapitel beschäftigen werden.

Übung

1.

Wenn Sie Ihre Energie reinigen, ist es wichtig, daß Sie die positiven Eigenschaften, die Sie bereits entwickelt haben, erkennen. Beobachten Sie sich für einen Augenblick selbst und listen Sie Ihre positiven und negativen Eigenschaften auf. Seien Sie nicht überrascht, wenn Ihnen diese Aufgabe, besonders das Erkennen Ihrer guten Charakterzüge, schwerfällt. Die Kontrolle und die Reinigung Ihrer Energie setzen voraus, daß Sie zuerst einmal wissen, wo Sie stehen! Da Sie vielleicht nicht daran gewöhnt sind, sich selbst zu beobachten, ist das eine gute Übung, um herauszufinden, worauf Sie Ihre Bemühungen lenken können. Versuchen Sie es auf die folgende Weise:

Angenehme Eigenschaften
Ich bemühe mich, reine, ausgewogene Lebensmittel zu essen.
Unangenehme Eigenschaften
Beim geringsten Anlaß werde ich wütend und stifte Unfrieden und Streit.

2.

Üben Sie sich darin, die Einstellungen und Umstände zu erkennen, die sich auf Ihre Energie auswirken. Ereignisse in Ihrem Leben sind Lehrer und geben Ihnen Aufschluß darüber, was funktioniert und was nicht. Denken Sie an Ihre Vergangenheit und fragen Sie sich, welche bestimmten Ereignisse eine Rolle dabei gespielt haben, konstruktive Veränderungen für Sie herbeizuführen. Denken Sie an eine Situation, in der sich Ihre Energie merklich verändert hat. Was haben Sie getan, um Ihre Energie zu verändern? Was ist als Folge geschehen? Wahrscheinlich können Sie Beispiele dafür finden, daß bestimmte negative Einstellungen oder Handlungen zu einem negativen Resultat führten, und Beispiele dafür, daß Sie bewußt oder zufällig Schritte unternommen haben, die sich positiv für Sie auswirkten.

Meditation

In diesem Augenblick ist mein Stiller Meister die Energie hinter allem, was ich erfahre. Mein Stiller Meister ist Liebe, und wohin ich auch blicke, erkenne ich die Gelegenheit, die Präsenz der Liebe zu entdecken. Mein Stiller Meister ist Wahrheit, und darum kann ich meine Wahrheit in die Tat umsetzen und Harmonie und Frieden stiften, wohin ich auch gehe. Mein Stiller Meister ist Reinheit, und darum kann ich mein Licht die Dunkelheit vertreiben lassen, wo immer ich stehe. Mein Stiller Meister ist Geduld, und darum kann ich meine Bereitschaft zum Ausdruck bringen, darauf zu warten, daß meine Liebe harmonisiert und heilt, wo immer ich wirke. Ich liebe denjenigen, der ich bin, und derjenige, der ich bin, reflektiert sich mir in allen Personen, Orten und Handlungen, die ich wahrneh-me. Die Liebe und die Gedanken an Liebe sind wirklich und ewig. Meine Liebe kann all das, was nicht wirklich ist, überwinden, so wie das Licht die Dunkelheit überwindet.

4.
LEBENSANALYSE: DEFINIEREN SIE IHR WAHRES SELBST

Bild II des Stillen Meisters

Sie sind eins mit der Lebenskraft

Ihr Bewußtsein des Stillen Meisters ist aus der unermeß-lichen Lebenskraft hervorgegangen, die das Universum erschafft und belebt. Sie existieren als ein Teil des Universums, und folglich ist es die Lebenskraft, die Sie erschafft und belebt. Es ist die Kraft, die Ihr Herz zum Schlagen bringt. Weil Sie dieses Bewußtsein sind, haben Sie auch all die Eigenschaften, die die Lebenskraft hat.

Entdecken Sie Ihr Selbst,
um die Liebe zu entdecken

Wie ich im ersten Kapitel bereits erwähnte, geht es bei der Selbstentdeckung darum, die Freiheit zu entdecken, frei zu leben! Im zweiten und dritten Kapitel haben wir einige der Schritte erörtert, die Sie unternehmen müssen, um sich für die Entdeckung Ihres Selbst bereitzumachen und Ihre Energie zu diesem Prozeß zu verpflichten. Jetzt wenden wir uns dem wichtigen Aspekt zu, die Elemente Ihres gegenwärtigen Lebens eingehend zu untersuchen, damit Sie sich ein neues und besseres Leben erschaffen können, ein Leben, das Ihnen mehr Freiheit und Glück bringen soll. Dieses ist die dritte Stufe der Selbstentdeckung: die *Lebensanalyse*. Die Lebensanalyse ist ein wesentlicher Teil des Selbstentdeckungsprozesses und wie die *Bereitschaft* und das *Energetisieren* Teil eines Prozesses, der wirklich jeden Tag und nicht nur einmal ablaufen muß.

Warum beschäftigen wir uns überhaupt damit? Weil wir frei sein wollen: Wir wollen die ursprüngliche Person sein, zu der wir geboren sind. Und das bedeutet, daß wir alle Wege untersuchen müssen, auf denen wir möglicherweise von unserem ursprünglichen Selbst abgekommen sind. Wie sonst könnten wir unsere Spur zurückverfolgen?

Wenn wir unser ursprüngliches Selbst und unsere ursprüngliche Freiheit zu entdecken beginnen, werden wir auf den Kern der Freiheit stoßen: die Liebe.

Wenn Sie Ihr wahres Selbst und die Freiheit Ihres wahren Selbst entdecken, werden Sie die Liebe entdecken. Ein Leben, in dem jegliche Gefühle und Formen der Liebe fehlen, ist alles andere als ein wahres Leben. Ein Leben ohne Liebe, gleichgültig, wie erfüllt es von materiellen Gegenständen ist, ist leer.

Vielleicht ist Ihnen aufgefallen, daß viele Personen, die uns durch die Medien bekannt sind, zum Beispiel berühmte Musiker und Schauspieler, trotz ihres enormen materiellen Erfolges zuweilen auf tragische Weise enden – zu Fall gebracht durch Unglück, Verzweiflung, Einsamkeit oder Selbstmord. Wie oft denken wir, daß sie alles haben. Aber das stimmt offenbar nicht. Ihr Leben sagt uns, daß dort, wo die Liebe fehlt, Leere, Verlust der Freiheit und Verlust des Lebens ist.

Eines meiner Lieblingszitate über die Liebe stammt aus der Bibel:

»Wenn ich mit Menschen- und Engelzungen redete und hätte der Liebe nicht, so wäre ich ein tönend Erz oder eine klingende Schelle. Und wenn ich weissagen könnte und wüßte alle Geheimnisse und alle Erkenntnis und hätte allen Glauben, so daß ich Berge versetzte, und hätte der Liebe nicht, so wäre ich nichts. Und wenn ich alle meine Habe den Armen gäbe und ließe meinen Leib brennen und hätte der Liebe nicht, so wäre mir's nichts nütze. Die Liebe ist langmütig und freundlich, die Liebe eifert nicht, die Liebe treibt nicht Mutwillen, sie blähet sich nicht, sie stellt sich nicht ungebärdig, sie suchet nicht das Ihre, sie läßt sich nicht erbittern, sie rechnet das Böse nicht zu, sie freuet sich nicht der Ungerechtigkeit, sie freut sich aber der Wahrheit, sie verträgt alles, sie glaubet alles, sie hoffet alles, sie duldet alles. Die Liebe höret nimmer auf … Nun aber bleibt Glaube, Hoffnung, Liebe, diese drei; aber die Liebe ist die größte unter ihnen.« (l. Korinther 13, 1–13)

Welche materiellen Ziele Sie auch verfolgen, welche Ziele Sie auch schließlich verwirklichen, wenn die Liebe fehlt, fehlen auch Freude, Vergnügen und Erfüllung. Aus diesem Grund ist die materielle Erfüllung eines Ziels nicht von Dauer. Die Worte eines Engels, der Klang eines Gongs oder zweier gegeneinandergeschlagener Becken – wie schön, laut oder beeindruckend das auch sein mag – währen nicht. Der Klang kommt und vergeht schnell. Genauso vergehen alle materiellen Dinge und sind letztendlich unwirklich, wie es im vorhergehenden Kapitel dargestellt wurde.

Aber die Liebe ist ewig. Die Liebe ist wirklich. Die Liebe ist wahrhaftig das einzige Ziel, weil sie die einzige Erfüllung, das einzige Glück ist. Der wirkliche Zweck eines jeden Ziels, das Sie im Leben vor Augen haben, liegt also darin, Liebe zu finden. Wenn Sie Ihr Ziel erreichen, werden Sie zweifellos Freude und Liebe in sich spüren.

Vielleicht glauben Sie, daß Liebe und Freude davon herrühren, daß Sie Ihr Ziel verwirklicht haben. Die Wahrheit aber ist die, daß die Erfüllung Ihres Ziels die bereits in Ihnen vorhandene Liebe zum Leben erweckt hat. Der wahre Zweck dessen, daß Sie sich Ziele setzen und sie verwirklichen, liegt darin, die Liebe zu finden, die bereits in Ihnen ist. Und diese Liebe scheint durch jeden materiellen Umstand hindurch und bleibt bestehen. Wenn Sie diese Liebe gefunden und diese Freude gespürt haben, liegt es an Ihnen, sie zu bewahren. Sobald Sie wissen, daß sie in Ihnen ist, gehört sie Ihnen für immer.

Ist Ihnen schon einmal aufgefallen, daß ein schöner Regenbogen am Himmel den Eindruck erweckt, als ob er wirklich existiere? Aber sobald Sie Anstalten machen, sich ihm zu nähern oder ihn zu berühren, entfernt er sich von Ihnen. Genauso ist es, wenn wir unwissend nach materiellen Werten streben. Gerade wenn Sie nach etwas greifen oder etwas bekommen, wollen Sie etwas anderes und dann wieder etwas anderes. Solange Sie glauben, daß Sie das Glück außerhalb Ihrer selbst suchen müssen, wird es sich immer weiter von Ihnen entfernen. Diese Art von Streben führt niemals zur Zufriedenheit. Aber wenn Sie materielle Ziele verfolgen und Ihnen dabei bewußt wird, daß Sie in Wirklichkeit die Liebe in sich entdecken, können Sie diese Liebe in sich für immer bewahren. Ihre materiellen Leistungen sind nicht unwürdig, sondern dienen dem Zweck, Ihnen die Liebe, die bereits in Ihnen ist, zu zeigen. Indem Sie diese Liebe geben und teilen, tun Sie sowohl anderen als auch sich selbst Gutes.

Auf dieser Stufe der Selbstentdeckung – der *Lebensana-*

lyse – werden wir Ihre Prioritäten kritisch überprüfen. Führen Ihre gegenwärtigen Prioritäten Sie zu der Liebe, die Ihr Leben mit Frieden und Zufriedenheit erfüllt? Oder räumen Sie Dingen, die Ihnen Grenzen setzen und Sie unglücklich lassen, Priorität ein?

Sie müssen jetzt einen nüchternen und scharfen Blick darauf werfen, *wer* Sie sind und wo Sie stehen. Dann werden Sie besser definieren können, welche Richtung Sie einschlagen wollen. Wie weit sind Sie davon entfernt, zu erkennen, auf welche Art und Weise Sie Ihr Leben verbringen möchten? Was haben Sie im Laufe der Jahre gewonnen? Was haben Sie verloren? Was steht Ihrem Glück im Weg? Was glauben Sie zu brauchen? Was müssen Sie aus dem Weg räumen? Bewegen Sie sich in die förderlichste Richtung?

Der Tod ist immer bei uns

Vielleicht halten Sie diese Fragen für ziemlich einfach. Denn betrachten Sie sich nicht schließlich jeden Tag im Spiegel und schätzen sich mehr oder weniger ein, planen Ihren Tagesablauf? Aber diese Fragen sind nicht so einfach, wie Sie glauben, und die meisten von uns umgehen sorgfältig die ehrlichen Antworten, um eine Konfrontation mit sich selbst zu vermeiden.

Viele von uns werden zu dem Gefühl verlockt, daß unser Leben ewig währt, und glauben, daß uns unendlich viel Zeit zur Verfügung steht, um irgendwohin zu gelangen oder etwas zu tun. Es ist nicht so, daß wir uns das bewußt sagen. Wir sagen nicht: »Ich werde ewig leben«, aber wir tun, als ob es so wäre. Uns fehlt einfach das alltägliche Gefühl dafür, daß wir schließlich sterben werden oder daß unsere Zeit hier begrenzt ist.

Da wir nicht von Augenblick zu Augenblick mit dem Bewußtsein leben, daß wir jederzeit sterben können, nehmen wir uns entweder die Zeit und beantworten die oben erwähnten Fragen oder weichen ihnen ganz und gar aus. Selbst wenn wir uns eine Frage wie: »Bin ich dort, wo ich sein will?«

stellen, ist es allzu leicht, darauf zu antworten: »Nun, eines Tages werde ich dahin kommen«, und wir lassen die Angelegenheit genau an diesem Punkt fallen. Wir neigen dazu, die Verwirklichung unserer wahren Ziele auf später, wenn »ich in den Ruhestand trete«, »wenn die Kinder aus dem Haus sind« oder »wenn ich Zeit habe«, zu verschieben.

Dieser ›eine Tag‹ wird nie eintreten. Es gibt nur eine Zeit, und die findet jetzt statt. Wenn der ›eine Tag‹ kommt, wird es *jetzt* sein. Alles, was Sie in diesem Augenblick denken und tun, wird also an dem sagenhaften ›einen Tag‹ eintreten.

Unglücklicherweise scheint der Tod so geheimnisvoll, verwirrend, furchtbar und endgültig zu sein, daß wir im alltäglichen Leben nicht daran denken wollen. Aber wir müssen den Mut aufbringen, den begrenzten Zeitrahmen, den uns der Tod gewährt, klar ins Auge zu fassen und entsprechend zu handeln. Sie wissen nicht, wann Sie sterben werden. Dieser ›eine Tag‹, auf den Sie warten, wird vielleicht niemals eintreten, aus dem einfachen Grund, weil Sie nicht mehr hier sein werden, um ihn zu erleben!

Wie im vorangegangenen Kapitel dargelegt wurde, werden Sie in Wirklichkeit natürlich niemals sterben. Ihr Bewußtsein des Stillen Meisters ist ewig; lediglich Ihre Manifestationen – einschließlich Ihres gegenwärtigen Körpers und Lebens – kommen und gehen von Ihrem Bewußtsein. Wir beschäftigen uns jetzt also mit dem Tod Ihrer physischen Manifestation und nicht Ihres ewigen wahren Selbst.

Der Tod ist Teil der Geburt

Das Geheimnis um den Zeitpunkt unseres Scheidens aus diesem Leben hilft uns, uns auf das Leben und nicht auf das Sterben zu konzentrieren. Aber trotzdem muß es uns bewußt bleiben, daß wir jetzt unsere Ziele anstreben müssen, da uns nur eine begrenzte Zeitspanne zur Verfügung steht. Wir müssen immer vollkommen im Jetzt leben, weil wir nur diese Zeit haben.

Jeder Augenblick im Jetzt, den Sie erleben, ist eine Geburt, eine neue Gelegenheit, einen neuen Gedanken zu fassen oder eine neue Einstellung anzunehmen. Ihre Ankunft auf der Erde ist eine Geburt, eine Chance, sich ein Leben zu erschaffen. Aber jeder neue Tag ist ebenfalls eine Geburt. Es findet jedesmal eine Geburt statt, wenn Sie ein altes, überholtes Selbstbild hinter sich lassen. Es findet jedesmal eine Geburt statt, wenn Sie eine neue Situation in Ihrem Leben hervorbringen. Geburt und »Tod« sind gleichzeitige Ereignisse, weil etwas Altes »sterben« muß, um Platz für das Neue zu schaffen. Dieser Prozeß setzt sich fort Minute für Minute, Tag für Tag vom Zeitpunkt Ihres Kommens bis zum Zeitpunkt Ihres Gehens.

In diesem Sinne ist der Tod notwendig, um Veränderungen zu bewirken. Lernen Sie, Veränderungen zu lieben und zu begrüßen. Eine der Folgen von Angst ist die Abneigung, Veränderungen zu akzeptieren. Angst ist ein Gefühl, das unbeweglich macht und dazu führt, daß wir dort stehenbleiben, wo wir gerade sind. Vielleicht fürchten wir uns vor Veränderungen, weil sie uns tatsächlich an den Tod erinnern, und begrüßen es nicht, wenn etwas, selbst etwas Altes stirbt. Aber denken Sie immer daran, daß der Tod in Wirklichkeit eine Geburt ist, denn er stellt einen Wechsel vom Alten zum Neuen dar. Betrachten Sie Veränderung als etwas Neues, das sich immer wieder entwickelt und Sie von einer Gelegenheit zu einer anderen führt.

Sind Sie dort, wo Sie sein wollen?

Wenn Sie nicht dort sind, wo Sie sein wollen, ist es jetzt an der Zeit, herauszufinden, wohin Sie gehen wollen und wie Sie gehen müssen, um dorthin zu gelangen. Aber es ist sinnlos, Pläne zu erarbeiten, wenn Sie nicht wissen, was Sie wollen. Und zu diesem Zweck müssen Sie Ihre Prioritäten überprüfen.

Eine der Übungen, die ich den Teilnehmern in meinen

Selbstentdeckungsseminaren aufgebe, ist die Beantwortung der Frage: »Wenn Sie nur noch fünf Tage zu leben hätten, was würden Sie in diesen fünf Tagen tun?« Die Art und Weise Ihrer Antwort gibt Ihnen sehr viel Aufschluß über Ihre wahren Werte und Prioritäten.

Stellen Sie sich jetzt diese Frage. Seien Sie nicht überrascht, wenn Sie Ihre letzten fünf Tage nicht damit verbringen wollen, zur Arbeit zu gehen oder das Haus anzustreichen (was Sie vielleicht noch die letzten Wochenenden gewissenhaft getan haben). Wahrscheinlich werden Sie beschließen, das zu tun, was Ihnen wirklich wichtig ist, was Sie wirklich mögen, was Ihnen wirklich entspricht. Wahrscheinlich werden Sie beschließen, mit Ihrer Familie oder bestimmten Freunden besonders intensiv zusammenzusein. Oder Sie entscheiden sich vielleicht für die Einsamkeit und möchten ganz für sich allein die Schönheit der Natur erfahren. Oder tanzen. Oder Musik machen. Beantworten Sie diese Frage und fragen Sie sich dann: »Wieviel Zeit bringe ich an jedem Tag, der mir jetzt noch bleibt, für diese Tätigkeiten auf?« (Schließlich könnten es in diesem Augenblick wirklich Ihre letzten fünf Tage sein!)

Die Art und Weise, wie Sie auf diese Frage antworten, gibt Ihnen sehr wichtige Hinweise auf Ihre wahre Richtung im Leben. Ihr Bewußtsein des Stillen Meisters spricht durch Ihre wahren Wünsche kraftvoll zu Ihnen. Natürlich ist nicht von zerstörerischen oder entarteten Wünschen wie übermäßigem Rauchen und Trinken die Rede. Die Wünsche, die Sie über diese Übung herausfinden, sind höchstwahrscheinlich Ihre wahren Wünsche, die Sie mit gutem Grund hegen. Sie verraten Ihnen viel darüber, wer Sie als einzigartiges Individuum sind und welche einzigartige Rolle Sie hier auf der Erde spielen. Ihre Wünsche werden niemals genau denen einer anderen Person entsprechen.

Haben Sie sich ein Leben geschaffen, das es Ihnen ermöglicht, Ihre eigenen Wahrheiten zu erfahren? Oder haben Sie sich ein Leben geschaffen, das Sie von Ihrer inneren Wahrheit so weit entfernt hat, daß Sie es sich nur in Ihren letzten fünf Tagen auf der Erde erlauben können, herauszufinden, was Sie lieben? Wenn Sie feststellen, daß Sie hier ohne Freude, ohne die Erkenntnis Ihrer persönlichen Wahrheit leben, dann haben Sie ein Recht auf Veränderung. Darum geht es bei der Selbstentdeckung: daß Sie sich Ihre wahren Wünsche erfüllen und nicht nur an sie *denken*. Wenn Sie Ihr wahres Selbst finden, werden Sie automatisch auch Ihren wahren Platz, Ihre wahren Tätigkeiten und Ihre wahre Erfüllung finden.

Definieren Sie sich neu

Wie auch immer Ihr Leben in diesem Augenblick ist, es ist eine Folge dessen, wie Sie sich definiert oder identifiziert haben. Ihre Persönlichkeit, Ihre Art, sich zu identifizieren, ist in erster Linie auf zwei Faktoren zurückzuführen: Zum einen auf die Weise, auf die Sie sich erlaubt haben, andere zu imitieren oder eine Kopie der Erwartungen anderer zu werden (statt Ihr ursprüngliches Selbst zu sein); und zum anderen auf die Weise, auf die Sie die Notwendigkeit des Erwerbens zum Ausdruck gebracht haben.

Die Erwartungen anderer

Lassen Sie uns zunächst den ersten Punkt behandeln – wie Sie Ihr wahres Selbst aus den Augen verloren haben könnten.

Sie sind einmalig. Sie sind von der gleichen Art – ein Original. Wie wichtig ist es dann, daß Sie Ihr ursprüngliches Selbst und keine Kopie sind oder die Erwartungen eines anderen erfüllen.

Die Entscheidungen, die Sie in bezug auf Ihre Charakterzüge und Ihre Karriere getroffen haben, rühren größtenteils von den Selbstbildern her, die Sie in Ihrer Familie oder dort, wo Sie aufgewachsen sind, geformt haben. Wir sind nicht allein aufgewachsen. In den frühen Phasen unseres Lebens waren immer bedeutsame Menschen um uns herum, die uns lehrten, wer wir sind, indem sie unser Spiegel waren. Sie sagten uns beispielsweise: »Ich mag dich, wenn du …«, »Du bist böse, wenn du …«, »Du bist zu laut«, »Du bist genauso wie deine Schwester«, »Jungen tun so etwas nicht«, »Gute Mädchen haben immer …« Wenn Sie ein kleines Kind sind, wird Ihre innere Stimme von den Stimmen der Autoritätspersonen stark übertönt, die buchstäblich darüber bestimmen, ob Sie leben oder sterben sollen. Sie passen sich schnell daran an, wie die anderen Sie wahrnehmen. Wenn Sie ihre Wahrnehmungen ablehnen, werden Sie als ›rebellisch‹ bezeichnet, was genauso schlecht sein kann wie das Akzeptieren ihrer anderen irrigen Wahrnehmungen von Ihnen.

Kurzum, sehr wenige von uns kommen unbeschadet aus dem Prozeß des Aufwachsens heraus. Selbst wenn sie die besten Absichten hegen, kennen Eltern – oder andere wichtige Bezugspersonen – Ihre innere Wahrheit einfach nicht so wie Sie. Niemand kann Ihre persönliche Wahrheit so kennen wie Sie. Trotzdem werden Sie in Ihren Entwicklungsjahren von Ihrer gesamten Umgebung darin bestärkt, Ihre innere Stimme zum Schweigen zu bringen, um den Personen, auf deren Hilfe Sie angewiesen sind, zu gefallen.

Falls man Ihnen sagte – Sie lehrte –, daß Sie faul, dumm, schlecht in Mathematik, schön, temperamentvoll, sportlich, freundlich, schüchtern seien, sind Sie es wahrscheinlich immer noch. Ihre Bezugspersonen haben Ihnen nicht gesagt, daß sie sich irren können. Ganz im Gegenteil, um ihren Status als Autoritätspersonen aufrechtzuerhalten, lehrten sie Sie, daß ihr Wort Gesetz sei und nur böse oder rebellische Kinder ihnen widersprächen.

Ich bin so zuversichtlich, daß Ihre wahren Fähigkeiten viel stärker sind als die Selbstbilder, die man Ihnen beibrachte, daß ich Sie zu einem einfachen Experiment einlade. Nehmen Sie eine der Vorstellungen darüber, wie ›Sie‹ sind, die Sie von anderen angenommen haben. Mir ist klar, daß das allein schon eine Herausforderung darstellt, denn manche Ihrer erlernten Selbstbilder können Ihnen derart in

Fleisch und Blut übergegangen sein, daß es Ihnen nicht in den Sinn kommen würde, daß Sie sie ›angenommen‹ haben – Sie glauben, daß diese Selbstbilder ›einfach ein Teil von Ihnen sind‹. Versuchen Sie also bei dieser Übung, ganz ehrlich zu sein.

Angenommen, Sie wählen Schüchternheit als charakteristisches Merkmal. Überprüfen Sie gründlich Ihr Leben – von vor zwei Minuten so weit in die Vergangenheit zurück, wie Sie sich erinnern können – und bringen Sie jene Situationen ans Tageslicht, in denen Sie eindeutig nicht schüchtern waren, jene Zeiten, in denen Sie diesem Bild völlig widersprachen und jemand einen ganz anderen Eindruck von Ihnen hatte. Ich versichere Ihnen, daß Sie mindestens ein Beispiel – wenn nicht noch mehr – für diese Erfahrung finden werden. Sie werden feststellen, daß Sie sich irgendwo, irgendwann überhaupt nicht gemäß dieser Auffassung verhalten haben und jemand da war, der Sie keineswegs für schüchtern hielt. Wenn Sie sich an den Vorfall – oder die Vorfälle – erinnern, werden Sie sich ein bestimmtes Gefühl der Ruhe und der Richtigkeit ins Gedächtnis zurückrufen, das Sie dabei empfanden. Diese Ruhe rührte daher, daß Sie Ihr eigenes Ich lebten. Selbst wenn es sich bei diesem Vorfall um einen wütenden Augenblick handelte, in dem Sie Ihre Schüchternheit hinter sich ließen – so hatte es doch mit diesem Augenblick, als Sie aus einem wahren Prinzip in Ihnen handelten, seine Richtigkeit.

Ich vertrete den Standpunkt, daß es Augenblicke gab, in denen Sie einen Charakterzug, welchen auch immer, nicht an den Tag legten. Vielleicht haben Sie bereits einige der ›negativen‹ Züge, die Sie angeblich hatten, aufgegeben, aber Sie werden immer noch das vage Gefühl, ›schlecht‹ zu sein, mit sich herumtragen.

Lassen Sie sich darum nicht von Ihrer Persönlichkeit, so wie sie jetzt ist, definieren. Machen Sie sich klar, daß Sie durch die Meinungen und Erwartungen anderer in gleichem oder in höherem Maße als durch Ihr eigenes inneres Wissen geformt wurden. Hören Sie auf Ihre eigene innere Stimme und folgen Sie Ihrer eigenen Richtung. Die einzige Wahrheit ist bereits in Ihnen, spricht zu Ihnen, ist mit Ihnen identisch. Lassen Sie sie zum Vorschein kommen.

Die Notwendigkeit des Erwerbens

Der zweite Grund, warum Sie sich vielleicht verloren haben, ist die Weise, auf die Sie Ihre Notwendigkeit des Erwerbens zum Ausdruck brachten. Die meisten von uns werden zum Erwerb angetrieben. Wir wollen materielle Besitztümer.

Es gibt nichts an Erwerbungen auszusetzen. Sicherlich müssen wir zu einer Einkommensquelle kommen, damit wir unsere Bedürfnisse wie zum Beispiel Kleidung, Nahrung und Unterkunft – die man als die Grundlagen des irdischen Lebens bezeichnen könnte – decken können. Sie formten also auf ganz natürliche Weise eine Persönlichkeit, die mit diesen Bedürfnissen umzugehen vermochte.

Sie glauben, daß Sie diese Persönlichkeit haben müssen, um Ihren Lebensunterhalt zu verdienen. Unglücklicherweise ging die Bildung dieser Persönlichkeit nicht unbedingt und mit Leichtigkeit von Ihrer inneren Wahrheit aus. In den meisten Fällen bildete sich unsere Persönlichkeit über die Meinungen anderer Menschen über uns, ihre Zwänge und Erwartungen und viele andere gesellschaftliche und psychologische Kräfte, die wirklich in keinerlei Beziehung zu unserer inneren Wahrheit standen. Aber Sie lernten schnell, daß Sie erwerben müssen, um leben zu können. Sie mußten tun, was Sie tun mußten, dachten Sie.

Aber das Leben ist nicht etwas, was Sie tun müssen. Leben, wie ich es Sie jetzt lehre, ist das, was Sie hervorbringen. Wenn Sie nicht hervorgebracht haben, was Sie wirklich sind, was Sie wirklich möchten, dann haben Sie jetzt, direkt hier in diesem Moment, die Gelegenheit, es zu tun. *Das bedeutet, daß Sie sich neu definieren werden. Statt den Weg Ihrer falschen Identifizierung mit einer eingeschränkten und unwirklichen Persönlichkeit weiterzugehen, werden Sie sich als die Manifestation Ihres uneingeschränkten und wirklichen Bewußtseins des Stillen Meisters identifizieren.*

Sie werden weiterhin erwerben, aber nur das, was Sie sich aus dem Wissen Ihres Bewußtseins des Stillen Meisters in Ihnen heraus wirklich wünschen. Mir gefällt der Spruch Salomos aus der Bibel: »Weisheit erwerben ist besser als Gold und Einsicht erwerben besser als Silber.« Wenn Sie Ihr wahres Selbst finden, können Sie alles, was gut und recht ist, erwerben, weil es bereits in Ihnen ist. Ohne die Führung Ihres wahren Selbst werden Sie nicht Ihr höchstes und wahrhaftigstes Gut erwerben. Wenn Sie nach Ihrem wahren Selbst streben, werden Sie sich Ihren optimalen Lebensweg vorgeben, weil Ihr wahres Selbst der Samen von allem ist, was Sie werden können.

Das folgende einfache Bild hilft Ihnen zu verstehen, was ich damit meine. Stellen Sie sich eine Eichel als Symbol für Ihr Leben vor. In ihrer einfachen Form als simple Frucht hat sie einen Wert (genauso wie Sie in Ihren Rollen in diesem Augenblick einen Wert haben). Aber der Wert einer einfachen Frucht dient nicht unbedingt der Selbstverwirklichung. Eine Frucht hat einen Wert als Nahrungsquelle für andere Lebewesen. Sie kann verzehrt werden. In diesem Fall wird ihre Energie – ihre Lebenskraft – auf ein anderes Lebewesen übertragen, umgewandelt in eine Energie, die einen anderen nährt.

Aber stellen Sie sich jetzt einmal vor, daß die Frucht nicht mehr von einem anderen verwendet werden will. Stellen Sie sich vor, sie entscheidet sich statt dessen dafür, sich selbst zu verwirklichen, ihrem Weg der Selbstentdeckung zu folgen. Statt Nahrung zu sein, gibt sie sich selbst Nahrung. Sie gibt sich selbst Erde und Wasser und Sonne und Zeit. Was geschieht? Diese begrenzte, einengende Schale zerspringt, und ein Baum wächst heran. Die Nuß entwickelt sich zu einer wachsenden, blühenden Lebensform mit einem weit größeren Potential, als sie als einfache Frucht besaß.

Ich ermutige Sie dazu, das gleiche zu tun: Geben Sie sich

selbst Nahrung, so daß Sie zu einer Lebensform wachsen können, die weit mehr von Ihrem Potential zum Ausdruck bringt. Wenn Sie nicht dort sind, wo Sie sein wollen, hören Sie auf, sich mit der eingeschränkten Persönlichkeit, die Sie haben, zu identifizieren, und identifizieren Sie sich neu mit Ihrem unbegrenzten Bewußtsein des Stillen Meisters.

Da Sie in Ihrem Leben viel Zeit mit dem Erwerb vieler Elemente verbracht haben, geht es bei der Lebensanalyse zum Teil darum, zu untersuchen, was Sie behalten und entfernen sollen. Viele materielle Gegenstände in Ihrem Leben sind Symbole für eine ungewollte Vergangenheit oder Erinnerungen an eine Situation, die Sie zu überwinden versuchen.

Sie können anfangen, die Vergangenheit hinter sich zu lassen, indem Sie die Gegenstände der Vergangenheit aus Ihrer Umgebung eliminieren. Wenn Sie zum Beispiel ein drogenfreies Leben führen möchten, wäre es dann weise, die Gegenstände, die in Verbindung mit dem Drogenkonsum stehen, in Ihrer Wohnung zu lassen? Wenn Sie dabei sind, ein Alkoholproblem zu lösen, sollten Sie dann Alkohol im Haus haben? Bewahren Sie bestimmte Fotos, Kleidungsstücke und Möbelstücke auf, die Sie ständig an eine unerfreuliche Beziehung erinnern, eine Beziehung, die Sie zu lösen versuchen? Wenn Sie Gegenstände der Vergangenheit in Ihrer gegenwärtigen Umgebung aufbewahren, werden Sie darin bestärkt, sich weiterhin mit Ihrem ›Ich‹ aus der Vergangenheit zu identifizieren. Dieses Ich steht Ihnen im Weg, wenn Sie sich für ein neues Leben neu definieren wollen.

Identifizieren Sie sich mit Ihrem Bewußtsein des Stillen Meisters

Das Bild des Stillen Meisters zu Beginn dieses Kapitels sagt: »Ihr Bewußtsein des Stillen Meisters ist aus der unermeßlichen Lebenskraft hervorgegangen ... Weil Sie dieses Bewußtsein sind, haben Sie auch all die Eigenschaften, die die Lebenskraft hat.«

Sie sind eins mit der Lebenskraft. Wenn Sie Ihre Kraft zum Ausdruck bringen wollen, müssen Sie sich mit ihr identifizieren. Die Reinheit, die Kraft, das Schöpferische, die Güte und die Ganzheit Ihres Stillen Meisters sind jetzt in Ihnen. Lassen Sie uns also die Methoden betrachten, mit denen Sie Ihr Bewußtsein von dieser Verbindung stärken können.

Wenn Sie sich mit Ihrer Neuidentifizierung beschäftigen, werden Sie viel Geduld und Mitgefühl aufbringen müssen. Sie haben viele Jahre darauf verwendet, Ihre Persönlichkeit zu formen, und jetzt werden Sie bestimmte Aspekte von Ihnen bitten, zu verschwinden.

Erinnern Sie sich an die alte Redewendung: »Geh nicht in Wut, geh einfach«? Auf diese Weise können Sie mit alten Selbstbildern verfahren, wenn Sie sie durch uneingeschränktere Denkweisen über sich selbst ersetzen. Sie wollen Ihre Energie nicht dafür verschwenden, sich selbst zu kritisieren und mit sich zu streiten. Statt dessen können Sie aus einer klaren, ruhigen Mitte in Ihnen heraus handeln, um in Frieden die Verantwortung für die Neuorientierung Ihres Lebens zu übernehmen.

Denken Sie an das Mitgefühl, das Sie für einen kleinen verletzten Vogel empfinden, der von seiner Mutter und dem Schutz seines Nestes getrennt ist. Wenden Sie das gleiche Mitgefühl für sich auf, wenn Sie Ihre Heilung angehen. Auch Sie sind von dem Schutz Ihres wahren Selbst getrennt, und Sie verdienen die gleiche Liebe und Sorge, um in die Sicherheit zurückzukehren.

Lassen Sie uns Ihre Neuidentifizierung in fünf Bereiche einteilen und besprechen:

1. Entwickeln Sie die Haltung, das Bewußtsein des Stillen Meisters zu sein und nicht, es zu werden.
Zwischen Sein und Werden besteht ein wichtiger Unterschied. Erinnern Sie sich daran, daß in Wirklichkeit nur der gegenwärtige Augenblick und nicht die Zukunft existiert. Aus diesem Grund ist der gegenwärtige Augenblick der ein-

zige schöpferische Ort für Sie, um zu handeln. Wenn Sie eine Haltung des *Werdens* einnehmen, verlegen Sie Ihr Wachstum in die Zukunft, in eine Zeit, die niemals eintreten wird. Mit der Haltung des *Seins* verlegen Sie die Wahrheit Ihres Seins in das Hier, in das Jetzt, in den gegenwärtigen Augenblick. Sie sind jetzt all das, was Sie jemals sein können.

Ihre ganze Stärke, Ihre ganze Reinheit, Ihr ganzer Wille, Ihr ganzes Potential und Ihr ganzes Können sind jetzt für Ihre Entdeckung und Ihre Anwendung zugänglich.

Wenn Sie im jetzigen Augenblick bleiben und nicht zulassen, daß Emotionen, die sich auf die Zukunft oder die Vergangenheit beziehen, Ihr Bewußtsein beeinflussen, werden Sie jeden Augenblick spüren und wissen, was gut, wirklich und richtig ist. Diese Wahrnehmungen werden Sie dazu veranlassen, die richtigen Schritte zu unternehmen und zur rechten Zeit am rechten Ort zu sein, damit Sie das für Sie Optimale bewirken.

Sie brauchen verstandesmäßig nicht zu wissen, was Sie in jedem Augenblick tun sollen, weil die Wahrheit Ihres Seins bereits ist. Da Ihr Bewußtsein des Stillen Meisters den besten Kurs weiß, den Sie einschlagen sollen, schaffen Sie keineswegs aus dem Nichts heraus, wenn Sie handeln. Schaffen bedeutet, daß Sie es einer bereits in Ihrem Bewußtsein vorhandenen Idee ermöglichen, Gestalt anzunehmen. Es ist nicht meine Aufgabe, Ihnen zu sagen, welche Gedanken Sie hervorbringen sollen. Es ist meine Aufgabe, Ihnen zu sagen, daß Ihre Wahrheit bereits in Ihnen ist und Sie dafür verantwortlich sind, sie hervorzubringen.

Sie bringen Ihre Wahrheit dadurch hervor, daß Sie im gegenwärtigen Augenblick ausschließlich auf Ihre eigenen Neigungen horchen. Ihr Bewußtsein des Stillen Meisters spricht ständig zu Ihnen, indem es Ihnen Gedanken und Neigungen eingibt, die von einem Gefühl der Richtigkeit begleitet sind. Wir können das ›Intuition‹ nennen. Intuition ist keine rätselhafte, esoterische Angelegenheit, sondern ein gewöhnlicher, natürlicher Weg, die richtige Richtung herauszufinden, die Ihr Bewußtsein des Stillen Meisters zum Ausdruck bringt. Um es nochmals zu wiederholen: Sie können nicht richtig in sich hineinhorchen, wenn Ihr Bewußtsein von Emotionen und Gedanken beeinflußt wird, die um die nicht existierende Vergangenheit und Zukunft kreisen.

Was auch immer Sie ›werden‹ möchten, Sie sollten wissen, daß Sie das Potential haben, es jetzt sofort geschehen zu lassen. Indem Sie im Geiste an der Vorstellung mittels Konzentration und Visualisierung festhalten (wie bereits erörtert), helfen Sie, diese Vorstellung Gestalt werden zu lassen.

2. Seien Sie bereit, Negatives in Positives umzuwandeln.
Viele von uns haben in ihrer Vorgeschichte ein Trauma oder einen Mißbrauch erlebt. So erzählte mir eine Frau, daß sie fünf Jahre zuvor vergewaltigt wurde. Dieser Vorfall löste bei ihr immer noch große Angst und Depression aus, und sie konnte nicht darüber hinwegkommen. Das war ein großes Hindernis in ihrem Leben, denn dadurch blieb es ihr versagt, Glück in irgendeiner Form kennenzulernen und zu erfahren. Ich sagte ihr, daß der Vergewaltiger den Vorfall möglicherweise schon längst vergessen habe, während sie seit fünf langen Jahren damit fortfuhr, immer wieder vergewaltigt zu werden. Ist das gerecht? Dennoch konnte nur sie allein gegen diese Ungerechtigkeit angehen, indem sie ihren Geist disziplinierte.

Andere erzählen mir, daß sie bei Pflegeeltern aufgewachsen sind oder mit einem Elternteil, der Mißbrauch trieb und alkoholabhängig war, zusammengelebt haben. Aber in all diesen Beispielen gehören die negativen Situationen oder seelischen Erschütterungen ganz und gar der Vergangenheit an! Es tut mir leid, daß sie geschehen sind, und genauso tut es Ihnen leid – und es tut all denen leid, die wissen, daß es unrecht war. Aber jetzt ist es an der Zeit, diese Situationen als ›Dünger‹ zu verwenden, um neue Situationen und neues Wachstum hervorzubringen. Auch wenn Sie damals nicht die Kraft und den Einfluß hatten, eine solche Situation zu verhindern, so haben Sie jetzt die Kraft und den Einfluß, damit etwas anzufangen, etwas Konstruktives auf jenem Ereignis aufzubauen.

Vielleicht fragen Sie sich, was man an einer Vergewaltigung denn konstruktiv finden könnte. Wie kann jemand, der als Kind mißbraucht wurde, aus diesem Erlebnis etwas Positives ziehen? Wenn Sie in Ihrer Vergangenheit ein Trauma erlebt haben, werden Sie allein genau wissen, wie Sie sich als Folge davon in eine positive Richtung entwickeln können. Und doch gibt es eine generelle Möglichkeit, von der jeder Gebrauch machen kann, um sich von einem vergangenen Trauma zu heilen: Sie können lernen, *loszulassen*. Menschen, die lernen, wie man sich von allem möglichen Negativen befreien kann, bewegen sich mit hoher Geschwindigkeit auf die Freiheit zu. Kaum etwas anderes macht Sie freier als das Wissen, daß Sie den Schmerz negativer Geisteszustände wie Verletzung, Wut, Groll oder Eifersucht nicht fühlen müssen.

Kaum ein anderer Vorfall in ihrem Leben könnte die Frau, die vergewaltigt wurde, derart zwingend die Kraft, Negatives freizugeben, oder die Freiheit der Vergebung lehren. Das bedeutet nicht, daß sie die Tat des Vergewaltigers entschuldigt oder rechtfertigt oder glaubt, daß sie unter allen Umständen richtig war. Es bedeutet vielmehr, daß sie an Freiheit und Kraft gewinnt, wenn sie nicht zuläßt, daß das Unrecht bei ihr bleibt. Sie sind in hohem Maße frei, wenn Sie wissen, daß Sie der Wächter Ihres Geistes sind, und in allen Situationen entsprechend handeln.

Ich möchte Ihnen eine Geschichte erzählen, die die Kraft des Loslassens und der Verwandlung von Negativem in Positives veranschaulicht:

Es war einmal ein Fischer, der immer wütend und unglücklich war. Er glaubte nicht an das Gute im Leben, erwartete nie Freude und erhoffte sich nie Glück. Er drückte nie Liebe oder Zuneigung aus und ließ seine Wut oft an seiner Frau und seinen Kindern aus, die er schlug. Seine Familie hatte Angst vor ihm, und alle, die ihn kannten, gingen ihm wegen seines zornigen Verhaltens aus dem Weg. Seine Frau und seine Kinder wünschten sich oft, daß er vom Fischfang nicht mehr zurückkehren würde.

Eines Tages ging der Fischer zum Hafen, nachdem er wie jeden Morgen seine ›faulen, nichtsnutzigen‹ Kinder angeschrien und seine Frau wegen des Frühstücks, das niemals richtig zubereitet war, beschimpft hatte. Als er später draußen auf See war, bissen die Fische nicht an, und der Fischer steigerte sich in einen noch erbärmlicheren Zustand hinein. Er fluchte, daß er dieses harte Leben und diese wertlose Familie nicht verdient habe und daß ihm nie etwas geglückt sei.

So klagte er und merkte dabei nicht, daß sich ein heftiger Sturm zusammengebraut hatte, der bald losbrechen sollte. Innerhalb von Minuten schäumten und wirbelten hohe Wellen um ihn herum. Sein kleines Boot wurde wie eine Nußschale herumgeworfen und brach plötzlich auseinander. Der Fischer wurde ins Wasser geworfen. Verzweifelt griff er nach dem größten Stück des zerbrochenen Bootes, das er sehen konnte. Er klammerte sich daran und bemühte sich, über Wasser zu bleiben.

Mittlerweile fegte der Sturm auch über das Dorf. Die Familie des Fischers war zu Hause, als er zu toben anfing. Völlig unerwartet stürzte plötzlich das Dach über ihnen ein, und Flammen schossen aus dem Ofen. Das Feuer griff bald auf das ganze Haus über, und obwohl die Familie versuchte, es zu löschen, war ihre Mühe vergeblich. Die Frau fürchtete zwar um das Leben ihrer Kinder, aber sie hatte fast noch mehr Angst vor dem Zorn ihres Mannes, wenn er nach seiner Rückkehr feststellen würde, daß das Haus abgebrannt war. Trotzdem schickte sie die Kinder zum Hafen, um nach ihm Ausschau zu halten, da er noch nicht heimgekehrt war.

Auch die Kinder hatten Angst, als sie zum Hafen liefen. Obwohl sie normalerweise nur daran dachten, wie sehr sie sich vor ihrem Vater fürchteten, waren sie jetzt aufrichtig in

Sorge, daß er in Gefahr sei. Im Hafen sahen sie, daß die meisten Fischer sicher zurückgekehrt waren, aber ihr Vater war nirgendwo zu finden. Sie riefen nach ihm und warteten.

Auf dem Meer hatte sich der Sturm schließlich gelegt. Aber jetzt war es vollkommen dunkel. Draußen in der Schwärze der Nacht trieb der Fischer. Sich an das Stück Holz klammernd, weinte er und fühlte sich sehr, sehr allein. Sein ganzes Leben lang war er ein wütender Mensch gewesen, hatte alles, was ihm gehörte, als selbstverständlich hingenommen und sich über alles beklagt. Jetzt sollte er ganz allein inmitten der Dunkelheit und eines riesigen, erbarmungslosen Ozeans sterben. Seltsamerweise wandten sich seine Gedanken seiner Familie zu. Er dachte intensiv darüber nach, daß er ihnen nie gesagt hatte, wie sehr er sie liebte, und daß er sich nie Zeit für sie genommen hatte. Er sorgte sich wirklich um sie und empfand jetzt tiefes Bedauern für sein unglückliches Leben und dafür, nie Freude oder Wärme gekannt zu haben. In diesem Augenblick war es sein größter Wunsch, bei seiner Familie zu sein.

Aber wo war die Küste? Er konnte in der Dunkelheit nichts erkennen und wußte also nicht, in welche Richtung er schwimmen sollte. Er war so müde, und ihm war so kalt, daß er die Hoffnung aufgeben wollte, als er plötzlich in der Ferne einen schwachen Schein sah. Es war wirklich da, ein kleines Licht weit entfernt zur Seite hin. Er begann, auf das Licht zuzuschwimmen. Bei jedem Schwimmzug plante er, wie er alles ändern würde, wie er der Gatte und der Vater sein würde, der er niemals gewesen war. Stundenlang ließ er sich von dem Licht führen, bis er schließlich in der Ferne sein Fischerdorf ausmachen konnte. Das Licht brachte ihn nach Hause, und so strengte er sich noch mehr an.

Gerade als er die Küste erreichte, überfiel ihn plötzlich die Angst, daß seine Familie verletzt oder umgekommen sein könnte. Aber dann hörte er Stimmen und sah seine Kinder, die auf ihn zustürzten. Alle weinten, als sie sich umarmten, und gemeinsam gingen sie nach Hause.

Als die Frau ihren Gatten mit den Kindern kommen sah, war sie erleichtert, aber bei dem Gedanken, daß er sie beim Anblick des abgebrannten Hauses schlagen würde, begann sie zu weinen. Sie sah ihn mit lächelndem Gesicht auf sie zukommen, aber in ihrer Furcht vor der Begegnung duckte sie sich. Als er an sie herantrat, wich sie ängstlich zurück, aber zu ihrer Überraschung streckte er seine Arme aus und umarmte sie herzlich. Sie stammelte, als sie versuchte, Worte zu finden, um ihm von dem Vorfall zu erzählen, aber er hörte nicht zu. Er hielt sie eng an sich und wollte ihr nur sagen, daß das abgebrannte Haus ihm das Leben gerettet habe. »Die Flammen waren in der Dunkelheit dort zu sehen, wo ich auf See verloren war«, sagte er liebevoll, »und sie führten mich nach Hause. Jetzt habe ich die Gelegenheit, um die ich gebeten habe, nämlich der Ehemann zu sein, den du dir gewünscht hast, und der Vater, den meine Kinder brauchen.«

Hier sehen wir, wie der Fischer durch ein traumatisches Erlebnis die Vergangenheit vollkommen loslassen konnte, um sein wahres Selbst wiederzuentdecken. Lange Zeit zuvor hatte er sich selbst emotional und mental ›verloren‹. Und jetzt erlebte er das Abbild von diesem Geisteszustand: Er war auf See ›verloren‹ und trieb in der Dunkelheit. Aber der Sturm stellte sich im nachhinein als Segen heraus, denn er brachte ihn ins Leben zurück. Es war kein Sonnenschein, sondern ein Sturm. War das ein Trauma? Ja. Aber statt aufzugeben und zu ertrinken, ließ er den Sturm zu einer Gelegenheit werden, um sich an sein wahres Selbst zu erinnern. Infolgedessen ertranken im dunklen Ozean lediglich sein Elend und seine Wut.

Auch die Familie erfuhr Schmerz und Verzweiflung. Das brennende Haus hätte einfach ein zerstörtes Heim zur Folge haben können. Aber das Haus brannte nicht grundlos: Die Flammen waren für den Fischer das Licht des Lebens. Sie wiesen ihm den Weg nach Hause. Obwohl es dem Anschein nach ein schreckliches Unglück war, wirkte also in Wirklichkeit alles zum Guten zusammen, um Liebe und Heilung hervorzubringen. Die negative Situation verwandelte sich in eine positive.

Etwas Wichtiges sollten Sie nicht vergessen: Diese Geschichte endet mit Liebe und Wiedervereinigung und nicht mit einer Tragödie, weil der Fischer zur Tat schritt. Etwas Negatives verwandelt sich nicht automatisch in etwas Positives. Das Haus hätte auch umsonst abbrennen können. Der Fischer hätte umsonst sterben können. Hätte er seine Wut, seine Schwarzseherei und seine Verzweiflung nicht aufgegeben, dann hätte er auch nicht um sich geblickt und den winzigen Lichtschein gesehen und wäre sicherlich ertrunken. (Wenn wir nur auf den Schmutz am Boden achten, sehen wir die Sterne am Himmel nicht!) Aber statt dessen änderte der Fischer seine Einstellung und wurde für einen neuen Geisteszustand offen und empfänglich. Zum ersten Mal empfand er Reue. Und diese Handlung ließ ihn das Licht sehen, das ihm schließlich das Leben rettete.

Ebenso steht die Liebe hinter allen Ereignissen, selbst hinter den Hindernissen in Ihrem Leben, und Sie können die richtigen Gedanken fassen, wie es der Fischer tat, so daß schließlich alles zum Guten zusammenwirkt. Halten Sie an der Wahrheit fest, gleichgültig, was Sie erfahren, und die Wahrheit, an der Sie festhalten, wird Ihre Erfahrung verändern.

3. Entwickeln Sie Distanz.

Mit Hilfe von Distanz lassen Sie das Alte los, um Platz für das Neue zu schaffen. Durch Distanz entwickelt sich Ihr Wohl zu noch höherem Wohl. Wenn Sie sich neu definieren, werden Sie sich von alten Gedanken, Emotionen und Situationen lossagen müssen.

Wie lassen Sie los? Ob es sich um eine Beziehung, eine Arbeit, eine Umgebung, eine Ehe handelt, wie kann man einfach loslassen? Vielleicht haben Sie schon selbst herausgefunden, daß es nicht einfach ist.

Sie können leichter Distanz gewinnen, wenn Sie sich an eine einfache Tatsache erinnern: Alles Materielle, das Sie erschaffen oder mit Ihren Gedanken und Emotionen anziehen, ist nicht von Dauer. Alles Materielle vergeht schließlich, wie es im vorigen Kapitel erläutert wurde. Unaufhörlicher Wandel ist das Gesetz des Universums. Es ist heilsam, alle Ihre Schöpfungen mit Distanz zu betrachten, weil Sie mit einer solchen Haltung Veränderungen erwarten. Sie betrachten alles, was Sie manifestieren, als eine Schöpfung, nicht mehr und nicht weniger. Auf diese Weise spielt es keine Rolle, ob Sie Verlust oder Gewinn erfahren, weil Sie immer wieder neue Situationen erschaffen.

Wenn Sie sich an ein gutes Bild klammern, das Sie geschaffen haben, werden Sie möglicherweise daran gehindert, ein noch größeres Wohlbefinden zu entwickeln. Wenn Sie sich an ein unangenehmes Bild klammern, bleiben Sie dort stehen. Halten Sie also weder an dem einen noch an dem anderen Bild fest, als wäre es die endgültige Fassung. Begegnen Sie einer unerwünschten Situation nicht mit Haß, Groll, Kampf oder Streit, und lieben Sie genausowenig eine erwünschte Situation allzusehr oder halten übermäßig an ihr fest. Distanz bedeutet, daß Sie immer bereit, offen und willens sind, Veränderungen zu erfahren. Auf diese Weise entwickeln Sie sich weiter. Sie können sich nicht weiterentwickeln und wachsen, wenn Sie an etwas, das Sie erworben haben, festhalten, gleichgültig, für wie gut Sie es halten.

Wenn Sie bestrebt sind, sich neu zu definieren, indem Sie sich mit Ihrem friedlichen Bewußtsein des Stillen Meisters identifizieren, werden Sie sich von Ihren turbulenten Emotionen distanzieren müssen. Wohlgemerkt, ich meine damit nicht, daß Sie keine turbulenten Emotionen haben dürfen. Ich sagte, daß Sie sich von ihnen distanzieren müssen. Man beseitigt keine Unruhe aus dem Bewußtsein, indem man so tut, als wäre sie nicht da. Statt dessen distanzieren Sie sich von ihr. Wenn Sie Unruhe spüren, nehmen Sie sie nicht an und gehen nicht mit ihr durch wie ein Reiter auf einem wilden Pferd.

Sie merken, wie das Gefühl in Ihr Bewußtsein eindringt, aber Sie gehen nicht darauf ein. Es ist Ihnen bewußt, daß die Emotion durch Sie ziehen und Sie unversehrt lassen wird, wenn Sie sich weigern, sich auf sie einzulassen. Und Sie halten an diesem Gedanken so intensiv fest, daß die Emotion durch diese gedankliche Energie wirklich aufgelöst wird. Wenn Ihre Verbindung zu Ihrem Bewußtsein des Stillen Meisters intensiver wird, wird Ihre Energie diese Emotionen schließlich ›verglühen‹ lassen, sobald sie in Ihr Feld eintreten, und Sie werden sie überhaupt nicht mehr wahrnehmen.

Angenommen, Sie sind wütend, weil Sie herausgefunden haben, daß jemand Sie betrogen hat. Wenn ein Betrug vorgefallen ist, kann Ihre Vorstellung von Ehrlichkeit die Oberhand gewinnen, um dieses Unrecht auf irgendeine Weise in Ordnung zu bringen. Ihre Aufgabe ist es, in aller Gelassenheit die angemessenen Schritte zu unternehmen, um die Situation zu bereinigen. Jegliche Wut, die Sie versucht sind zu fühlen, ist ohne Wert und ohne Nutzen. Lassen Sie also dieses Gefühl geschehen, ohne darauf einzugehen. Die einzigen Schritte, die Sie unternehmen, sind diejenigen, zu denen Sie dadurch inspiriert werden, daß Sie Ihre Energie auf Ehrlichkeit und nicht auf Unehrlichkeit konzentrieren.

Distanz ist innere Freiheit. Sie gibt Ihnen die Beweglichkeit, die Sie brauchen, um Ihre Gedanken frei und klar zu halten; folglich befreien Sie sich von den Emotionen, die Sie dazu veranlassen können, ungeeignete Maßnahmen zu treffen.

4. Konzentrieren Sie sich auf schöpferische Haltungen wie Harmonie, Dankbarkeit und Lob, um Liebe und Schönheit in die Schöpfung eines neuen Ich und einer neuen Welt einzubringen.
Ich habe erwähnt, daß Haltungen wie Pfeile sind, die Sie zu Ihrem anvisierten Ziel bringen oder von Ihrem Ziel entfer-

nen – je nachdem, welche Haltungen Sie einnehmen. Positive Haltungen sind schöpferische Werkzeuge. Negative Haltungen sind zerstörerisch. Ein schönes Gleichnis dazu findet sich in der Bibel:

»Siehe, es ging ein Säemann aus, zu säen. Und indem er säte, fiel etliches an den Weg; da kamen die Vögel und fraßen's auf. Etliches fiel auf das Felsige, wo es nicht viel Erde hatte, und ging bald auf, darum daß es nicht tiefe Erde hatte. Als aber die Sonne hochstieg, verwelkte es, und weil es nicht Wurzel hatte, ward es dürre. Etliches fiel unter die Dornen; und die Dornen wuchsen auf und erstickten's. Etliches fiel auf ein gutes Land und trug Frucht, etliches hundertfältig, etliches sechzigfältig, etliches dreißigfältig.« (Matthäus 13, 3–8)

Die Samen in dieser Geschichte symbolisieren Ihre Ziele und Bestrebungen. Samen, die auf den Weg fallen und von Vögeln gefressen werden, können mit einer Haltung verglichen werden, bei der Sie Ihre Ziele nicht schätzen oder zulassen, daß andere Interessen oder Situationen Sie ablenken und Ihre Energie und Verpflichtung ›auffressen‹.

Sind Ihre Ziele lediglich leere Wünsche, vergängliche Sehnsüchte, die schnell kommen und genauso schnell wieder gehen? Nehmen Sie Ihre Ziele nicht ernst genug, um für ihre Verwirklichung einen Plan auszuarbeiten oder eine Strategie einzusetzen? In diesem Fall sind Ihre Ziele den Samen gleich, die zufällig auf den Weg fallen, um von den Vögeln der Ablenkung, der Vernachlässigung und der Unachtsamkeit verschlungen zu werden. Die Verwirklichung eines Ziels erfordert ein hohes Maß an Energie und Verpflichtung. Sie müssen einen Plan entwickeln und eine Strategie anwenden!

Die Samen, die auf Steine fallen und nur an der Oberfläche Wurzeln wachsen lassen, sind damit vergleichbar, wenn Sie Ihre Ziele nur mit oberflächlichen Emotionen motivieren oder nähren. Anfangs arbeiten wir auf unsere Ziele gewöhnlich mit positiven Einstellungen und den besten Absichten hin. Aber wenn wir unsere Ziele nicht geprüft haben und nur von negativen Haltungen wie Stolz, Schuldgefühl, Depression, Wut oder Eifersucht angetrieben werden, dann ist unsere Erde nicht tief. Wenn die heiße Sonne des Unglücks aufgeht und Sie mit Schwierigkeiten konfrontiert, wird diese Art von Energie versiegen und Sie nicht stärken. Sie verlieren Kraft und werden feststellen, daß Sie sich von Ihrem Ziel abgewendet haben.

Die Samen, die unter die Dornen fallen, sind wie Ihre Ziele, die von einer mageren Umgebung oder von negativen Gedanken, Gefühlen und Haltungen erstickt und vernichtet werden. Wenn Sie auf neue Ziele hinarbeiten, muß Ihnen bewußt sein, daß Ihre gewohnte Umgebung und Ihnen nahestehende Personen die Veränderungen, die Sie hervorbringen, möglicherweise nicht unterstützen. Manche Bekannte können befürchten, daß sich Ihre Veränderungen auf Ihre Beziehung zu ihnen auswirken werden, und bewußt oder unbewußt versuchen, Sie zurückzuhalten.

Vielleicht stellen Sie fest, daß Elemente in Ihrer Umgebung Ihrer Leistung entgegenarbeiten. Wenn Sie zur Schule gehen müssen, um eine neue Fertigkeit zu lernen, werden Sie einen ruhigen Ort zum Lernen haben? Wenn Sie eine neue Herausforderung annehmen, sollten Sie in der geeignetsten Umgebung leben, einer Umgebung, die Ihre Anstrengungen am wenigsten unterdrückt.

Wenn die Samen dagegen auf guten Boden fallen, wenn Ihre Ziele und Bestrebungen von positiven Haltungen, von Ihrer Konzentration, Ihrem Willen, Ihrer Energie und Ihrer Verpflichtung genährt werden, dann müssen sie einfach wachsen und gedeihen. Wir alle besitzen die Fähigkeit, erfolgreiche Sämänner in unserem Leben zu sein. Wenn wir die Samen unserer Ziele in die tiefste und gesündeste Erde pflanzen, wenn wir die Unkräuter und Steine entfernen, die unser Wachstum beeinträchtigen, wenn wir das Wachstum mit Sorgfalt und Aufmerksamkeit nähren, dann werden wir sicherlich die Blüten sehen und die Früchte ernten, die wir uns wünschen.

Harmonie, Dankbarkeit und Lob sind besonders wichtige Haltungen. Warum? Weil alle drei Haltungen die Präsenz von etwas anerkennen. Warum ist das schöpferisch?

Wenn Sie etwas manifestieren wollen, müssen Sie anerkennen, daß dieses Etwas als Gedanke existiert. Harmonie, Dankbarkeit und Lob haben große schöpferische Kraft nicht nur deswegen, weil Sie sie nur im Hinblick auf etwas Existierendes empfinden, sondern auch, weil sie zusätzliche Qualitäten in die Manifestation einbringen.

Wenn Sie zum Beispiel Harmonie in Ihrem Bewußtsein zum Ausdruck bringen, erkennen Sie die Präsenz von Einheit und friedlichen Interaktionen an und bringen diese Qualitäten in Ihre Manifestationen ein. Wenn Sie Dankbarkeit ausdrücken, erkennen Sie die Präsenz von Wert an. Wenn Sie also dankbar sind, erschaffen Sie etwas von Wert für sich selbst. Mit der Haltung des Lobes in Ihrem Bewußtsein erkennen Sie die Präsenz von Schönheit an. Oder loben Sie etwas Häßliches? Lob läßt also Schönheit in Ihre Manifestationen einfließen.

Selbst wenn diese Qualitäten keinen schöpferischen Wert hätten, würde ihnen in der Verbesserung der Lebensqualität Wert zukommen. Dankbarkeit hilft, die Schönheit und die Freuden des Lebens in den Brennpunkt zu rücken. Die folgende Geschichte veranschaulicht die Kraft der Dankbarkeit:

Es war einmal ein König, dem das Leben sehr langweilig wurde und der sich keinen Illusionen mehr hingab. Er schleppte sich von einem bedeutungslosen und trägen Tag zum nächsten und fand in nichts Befriedigung oder Freude. Sogar seine Vorliebe für das Essen hatte er verloren, und alle traditionellen exotischen Speisen bereiteten ihm keinen Genuß mehr so wie früher. In seiner Müdigkeit und Gleichgültigkeit ließ er sogar verkünden, daß er denjenigen, der ihm ein Gericht auftragen könne, das ihn wirklich erfreuen würde, reich belohnen werde.

Die besten Köche kamen aus der ganzen Welt angereist und servierten dem König ihre erlesensten Speisen. Doch keine mundete dem König. Das Leben bestand nach wie vor aus einem langweiligen Gericht nach dem anderen.

Eines Tages trat ein armer Bauer in den Palast, um den König um eine Audienz zu bitten. Als der Bauer schließlich zugelassen wurde, sagte er: »Eure Majestät, ich habe das unglaublichste Gericht, das Ihr je gekostet habt. Auf der ganzen Erde kann es mit keinem anderen verglichen werden. Aber dieses besondere Gericht erfordert einige sehr spezielle Vorbereitungen, und damit Ihr es voll und ganz genießen könnt, muß ich Euch bitten, bis zu seiner Fertigstellung nichts zu essen.« Der König wußte nicht, was er von diesem Angebot halten sollte, aber da ihn seine Kost derart langweilte, war er bereit, es darauf ankommen zu lassen. Er erwiderte: »Also gut, Bauer, ich nehme dein Angebot an, aber wegen dieser Unannehmlichkeit wäre es besser für dich, wenn mir dein Gericht schmecken würde.« Bevor der Bauer fortging, um sein Gericht zuzubereiten, sagte er: »Es wird Euch schmecken, Majestät, da bin ich mir ganz sicher.«

Am nächsten Tag erschien der Bauer mit leeren Händen in der Halle des Königs. Der König fragte: »Nun, wo ist mein Essen?«

»Es tut mir leid, Eure Majestät. Es ist bald fertig, das verspreche ich Euch, aber Ihr müßt Euch noch an unsere Abmachung halten.«

Am nächsten Tag kam der Bauer wieder mit leeren Händen. Diesmal war der König wütend. »Wo ist mein Essen?« brüllte er.

Der Bauer erwiderte mit gesenktem Kopf: »Eure Majestät, ich bin noch bei der Zubereitung.«

»Noch bei der Zubereitung?!« gab der König zurück. »Ich sterbe, und du bist noch bei der Zubereitung?«

»Ich versichere Euch, daß Ihr noch nie so ein wunderbares Essen gekostet habt«, verteidigte sich der Bauer. »Ihr müßt nur noch einen Tag warten, dann ist es fertig.«

Der König war zwar wütend und hungrig, aber auch darauf bedacht, sich von seiner Langeweile zu befreien. »Na gut«, stimmte er zu, »noch einen Tag.«

Am nächsten Tag wachte der König sehr früh auf, sein ganzer Körper war erfüllt mit Vorfreude. Seine Gedanken kreisten immerzu um das geheimnisvolle Gericht des Bauern. Als die Zeit der Ankunft des Bauern nahte, war er kaum imstande, seine Aufregung zu zügeln.

Schließlich vernahm der König die leichten Schritte des Bauern vor seiner Halle. Er nahm den göttlichsten aller Gerüche wahr. Sein ganzer Körper bebte förmlich vor unglaublichen Empfindungen der Freude und der Wonne. Der Bauer näherte sich ihm. Der König merkte, wie ihm der Speichel im Mund zusammenlief und sein Magen knurrte, während sich seine ganze Aufmerksamkeit auf die einfache Porzellanschüssel des Bauern mit ihrem kostbaren Inhalt richtete.

Der Bauer hob den Deckel hoch und offenbarte ein vollendet gedünstetes dickes Stück Kohl. Es war das einfachste aller Gerichte, aber in diesem Augenblick war es so wertvoll wie die Welt für den König.

Der König biß in diesen reinen, einfachen und schlichten Kohl hinein. In seinem ganzen Leben hatte ihm nichts so gut geschmeckt. Seine Sinne erwachten zu neuem Leben, als er wieder den intensiven Genuß von Geschmack, Geruch und Beschaffenheit wahrnahm. Der König war außer sich vor Freude und machte den armen Bauern zu einem reichen Mann.

Dieser König hatte seine Sinne durch übermäßigen Genuß abgestumpft. Obwohl ihm die besten Speisen aufgetragen wurden, war das Essen zu einer Tätigkeit geworden, der er Tag für Tag gewohnheitsmäßig nachging, etwas, was er einfach als selbstverständlich hinnahm, anstatt die Qualität und Sorgfalt der für ihn zubereiteten Gerichte zu erfahren. Folglich ließ er diesem Aspekt seines Lebens keine Würdigung, keine Dankbarkeit, keine Freude zuteil werden. Selbst das schärfste, würzigste Gericht konnte ihn nicht anregen; alles schmeckte fad, uninteressant und langweilig.

Erst als ihm der Gegenstand seines übermäßigen Genusses – das Essen – entzogen wurde, war er in der Lage, seine Sinne wieder zu schärfen und sich an die Einzigartigkeit, etwas Einfaches zu schmecken und zu würdigen, zu erinnern. Der Kohl an sich war nicht erregend. Der Kohl allein konnte dem König seine Sinne nicht zurückgeben. Vielmehr war es seine Vorfreude auf das unbekannte ›unglaubliche‹ Gericht, das ihn anregte, und es war das Gefühl der Würdigung infolge des Hungers, das ihn belebte. Durch das Fasten hob der König die durch übermäßigen Genuß hervorgerufene Stagnation auf und vermochte daraufhin wieder Dankbarkeit und Anerkennung zu empfinden. Dadurch, daß der König diese Gefühle aufs neue erlebte, war er außer sich vor Freude und sein normales Selbst wiederhergestellt.

Dankbarkeit ist nicht nur eine schöpferische Haltung, sondern sie läßt auch Freude, Anregung und Energie in Ihr Leben einfließen.

5. Erarbeiten Sie einen Plan.

Sobald Sie wissen, was Sie wollen, sollten Sie einen präzisen Plan erarbeiten, wie Sie das Gewünschte erreichen können. Und machen Sie Ihren Plan sichtbar. Halten Sie ihn schriftlich fest. Stellen Sie ihn auf einer Tafel dar. Sprechen Sie ihn auf Band. Sie sollten genau wissen, welche Zwischenschritte vonnöten sind, damit Sie das Gewünschte erreichen. Das scheint eine naheliegende Vorgehensweise zu sein, aber Sie werden überrascht sein, wie viele Menschen davor zurückschrecken, einen solchen Plan aufzustellen. Wie oft haben Sie sich schon gesagt: »Ich werde ...« oder »Ich will ...«, und dann doch nie gehandelt?

Manchmal schrecken Sie davor zurück, einen Plan zu entwickeln, weil Sie wirklich nicht wissen, wie Sie anfangen sollen. Dann kann Ihnen das Visualisieren helfen. Erinnern Sie sich daran, daß Ihr Bewußtsein des Stillen Meisters bereit ist, jeden Ihrer Gedanken und Gefühle über Energie zu Form zu bringen. Wenn Sie nicht wissen, was zu tun ist, führen Sie Ihrem Stillen Meister die Visualisierung Ihres vollendeten Ziels mit Hilfe der im dritten Kapitel beschriebenen Meditation vor. Ihr Stiller Meister wird die Visualisierung sehen und hören und Ihnen sagen, was Sie zu ihrer Verwirklichung tun müssen. Vielleicht stellt sich bei Ihnen ein Gefühl oder eine Intuition ein, daß Sie einen bestimmten Schritt unternehmen sollen, oder plötzlich tritt jemand in Ihr Leben ein, um den Prozeß in Gang zu setzen, oder Sie spüren das Bedürfnis, irgendwohin zu gehen oder jemanden anzurufen. Die Sache ist die, daß sich alle Einzelheiten allmählich offenbaren werden, wenn Sie weiterhin an der Visualisierung festhalten und dafür empfänglich sind, auf Ihr inneres Wissen zu hören. Wenn Sie einmal wissen, was zu tun ist, liegt es an Ihnen, den Plan mit Verpflichtung und Ausdauer bis zum Ende durchzuführen.

Wenn Sie Ihre Prioritäten bestimmt, Ihre Ziele festgelegt und sich mit der Kraft Ihres Stillen Meisters identifiziert haben, sind Sie bereit, Ihre Bestrebungen zu realisieren! Im nächsten Kapitel wenden wir uns der vierten Stufe im Prozeß der Selbstentdeckung zu: der Stufe der *Wiedergeburt,* auf der Sie anfangen, die Wahrheit Ihres wahren Selbst zu leben. Jede Herausforderung bietet die Gelegenheit zur Wiedergeburt in ein neues Ich. Und der Sieg ist Ihr Geburtsrecht!

Übung

1.

Diese Übung hilft Ihnen zu erkennen, wo Sie Ihre Prioritäten in Ihren Beziehungen gesetzt haben. Angenommen, Ihnen bleiben nur noch fünf Tage zu leben. Von diesen Tagen haben Sie mindestens einen reserviert, um sich von bestimmten Menschen – Beziehungen, die Sie gegenwärtig haben oder in der Vergangenheit hatten – zu verabschieden. Erstens, mit welchen Menschen wollen Sie vor Ihrem Tod sprechen? Mit Kindern? Eltern? Geschwistern? Dem Ehepartner? Alten Freunden? Mitarbeitern? Und was werden Sie ihnen sagen? Schreiben Sie Ihre Botschaft für jede einzelne Person frei und ehrlich auf. Dann sehen Sie sich das Geschriebene genau an. Geben Ihre Worte zu erkennen, daß Sie überhaupt nichts von ihnen wissen? Geben Ihre Worte Bedauern zu erkennen? Wut? Unausgesprochene Dankbarkeit? Unverziehene Taten? Worte, die Sie nie gesagt haben, aber gern gesagt hätten? Oder ist Ihr Abschied erfüllt von Frieden und Liebe?

Was finden Sie bei dieser Übung über Ihre Haltungen heraus? Was würden Sie gern verändern?

2.

Welches bestimmte Ziel haben Sie? Machen Sie eine geistige ›Videoaufnahme‹ davon, dort zu sein und das zu tun, was Sie sich wünschen. Wenn es beispielsweise Ihr Ziel ist, fliegen zu lernen, sehen Sie sich bereits im Besitz der Fluglizenz. Sehen Sie sich deutlich, wie Sie am Flughafen ankommen, in Ihr Flugzeug einsteigen, starten und in ein Abenteuer fliegen, wie auch immer Sie es sich vorstellen.

Diese Übung soll Ihnen helfen, die Verwirklichung des Ziels zu beschleunigen und Ihre Fähigkeit zur Visualisierung zu entwickeln. Setzen Sie darum alle Ihre Sinne ein. Hören Sie den Lärm am Flughafen, die Maschinengeräusche, das Zuschlagen der Flugzeugtür. Sprechen Sie mit Menschen, hören Sie, was man Ihnen sagt. Riechen Sie den Treibstoff und die Luft und fühlen Sie den Wind, die Sonne und ihre Wärme durch das Fenster. Sehen Sie die Wolken am Himmel, die Farben Ihrer Kleidung, die Muster am Boden, wenn Sie hinunterblicken.

Je mehr Sie üben, um so klarer wird die Visualisierung.

Genießen Sie es also, Erfahrungen zu sammeln und immer mehr Einzelheiten in Ihre Visualisierungen einzubringen.

Meditation

Genau jetzt bin ich eins mit dem Bewußtsein, das die schöpferische Kraft von allem ist, das existiert. Ich bin dieses Bewußtsein. Meine Gedanken nehmen auf unbegrenzte Art und Weise eine Form an, die das Gute, die Reinheit, die Vollkommenheit, die Ganzheit und die Einheit der Lebenskraft des gesamten Universums ausdrückt. Darum bin ich ein Mitschöpfer von allem, was existiert. Ich lasse die guten und reinen Gedanken des Bewußtseins des Stillen Meisters frei, leicht und ungehindert durch mein Bewußtsein fließen und sich in schöne und reine Formen verwandeln. Ich bin gegenüber der Wahrheit in mir offen und empfänglich. Meine innere Wahrheit hilft mir, mich zu führen, so daß ich überall und in jedem Augenblick die richtigen Schritte unternehme.

5.
WIEDERGEBURT:
LEBEN SIE
IHR WAHRES SELBST

Bild VI des Stillen Meisters

Sie sind vollkommen, friedlich
und erfüllt

*Ihr Stiller Meister drückt Vollkommenheit, Erfüllung,
Harmonie, Frieden, Glück und Liebe aus und verleiht all
seinen Schöpfungen diese Eigenschaften.*

Jetzt haben wir die vierte Stufe der Selbstentdeckung erreicht: die *Wiedergeburt*. Auf der ersten Stufe, der Bereitschaftsstufe, untersuchten wir, wie Sie die Kontrolle über Ihr Denken erlangen, so daß Sie anfangen können, Ihr Denken und Ihre Umgebung zu formen. Auf der zweiten, energetisierenden Stufe beschäftigten wir uns mit Methoden, mit denen Sie Ihr Denken und Ihre Umgebung reinigen, um Ihre natürliche Kraft und Energie in höherem Maße nutzbar machen zu können, wenn Sie Ihr Leben formen. Auf der dritten Stufe, der Stufe der Lebensanalyse, setzten wir uns damit auseinander, wie Sie sich neu definieren können, um Ihr wahres Selbst hervorzubringen und auf Ihrem gewünschten Weg vorwärtszukommen und zu bleiben. Jetzt gehen wir auf die Stufe der Wiedergeburt ein, die Stufe, auf der Sie Ihre Ziele tatsächlich *realisieren* – sie verwirklichen. Diese Stufe bildet den Höhepunkt der ersten drei und kommt wie die anderen auch täglich, sogar in jedem Augenblick zum Tragen.

Selbstentdeckung ist ›Selbst-Aufdeckung‹

Mit am aufregendsten bei der Selbstentdeckung sind die Veränderungen, die Sie in Ihrem Leben erleben, wenn Sie Verantwortung für Ihr Denken und Ihre Umgebung übernehmen. Vielleicht ertappen Sie sich selbst dabei, daß Sie sich plötzlich fragen: »Bin ich das wirklich, der meinen beruflichen Weg verändern wollte? Mein Haus verkaufen? In einen anderen Bundesstaat ziehen?« Wenn Sie Ihr wahres Selbst zu spüren beginnen, können Sie viele neue Gedanken fassen und Schritte unternehmen, die für Sie ganz ungewöhnlich sind. Eine große Veränderung kann wie eine Wiedergeburt in ein neues Ich empfunden werden.

Wenn Sie anfangen, sich selbst in Ihrer natürlichen Reinheit zu sehen, werden Sie bestimmt bemerken: Sie sind ein Original. Niemand ist Ihnen genau gleich. Sie wurden geboren mit all den einzigartigen Eigenschaften und Fähigkeiten, die Sie benötigen, um Ihren eigenen Zweck und Ihr Schicksal zu erfüllen. Es spielt keine Rolle, ob Menschen und Umstände aus Ihnen eine Kopie der Erwartungen eines anderen gemacht haben. Es ist nie zu spät, sein Selbst zu finden. Ihr wahres Selbst wartet immer noch darauf, entdeckt zu werden. Das Wirkliche und Wahre in Ihnen kann nie zerstört werden, sondern nur das Falsche in Ihnen. Das, was Sie wirklich und wahrhaftig sind, ist in diesem Augenblick hier und wird immer bei Ihnen bleiben.

Lassen Sie uns eingehender untersuchen, was Entdeckung bedeutet. Entdecken bedeutet, etwas *aufzudecken*. Die Entdeckung von etwas hat zur Folge, daß es aufgedeckt wird, so daß man sehen kann, was wirklich da ist. Als Kolumbus Nordamerika entdeckte, fand er etwas vor, was bereits existierte. Er hat Nordamerika nicht erfunden; er deckte die Unkenntnis der Form der Erdkugel auf und fand Nordamerika, was sich niemand in Europa vorgestellt hatte. Genauso ist es, wenn Sie Ihren Stillen Meister suchen. Selbstentdeckung bedeutet nicht, daß Sie neue Eigenschaften an sich erfinden oder sich eine neue Persönlichkeit ausdenken, sondern daß Sie das, was Sie bereits in Ihrer natürlichen Reinheit sind, aufdecken.

Wiedergeburt ist Transformation

Da Ihr wahres Selbst normalerweise nicht schlagartig aufgedeckt wird, ist die Selbstentdeckung der Prozeß, immer wieder geboren zu werden, sobald mehr von Ihrem Potential in Ihrem Leben zum Ausdruck kommt. Wenn Sie schon einmal beobachtet haben, wie sich eine Pflanze vom Samen zur Blume entwickelt, werden Sie wissen, daß ihr Wachstum in vielen Stufen abläuft – Größe, Farbe und Form ändern sich von Tag zu Tag. Das Wachstum geht so allmählich vor sich, daß Sie die Transformation wahrscheinlich nicht als eine Geburt nach der anderen betrachten. Aber das ist der Fall. Die Pflanze wird ständig in eine kleine Veränderung nach der anderen hinein wiedergeboren, bis sie schließlich ihr Potential erfüllt

und eine Gestalt annimmt, die sich von dem kleinen Schöß-
ling zu Anfang völlig unterscheidet.

In Asien gilt der Anbau von Reis oft als ein Symbol für das
menschliche Leben, da er viele Transformationen durch-
macht. Zuerst schießt der winzige Trieb in die Höhe, wie ein
Säugling, der zum ersten Mal die Augen öffnet. Als nächstes
werden die Triebe so groß, daß sie im Wind wogen können.
Sie sind zwar zart, aber streben entschlossen nach oben; genauso erforschen wir im Kindesalter hungrig und unschuldig
unsere neue Welt. Dann beginnt der Reis, seine reife Form zu
entwickeln, wobei er Wasser und Sonnenlicht in sich auf-
nimmt; auf die gleiche Weise fangen wir an zu wachsen, wenn
wir unsere Identität annehmen und unser Geist sich öffnet
und entwickelt. Wenn der Reis reift, streckt er sich in seiner
Fülle und Stärke gerade empor. So möchten wir auf dem Gip-
fel unseres Lebens sein, zuversichtlich und Körper, Geist und
Seele kontrollierend. Seine schweren Früchte biegen den
Reishalm schließlich nach unten: Das ist ein Symbol der Demut, eine respektvolle Verbeugung vor der Lebenskraft, die
uns hierhergebracht hat. Wir erkennen, daß das Universum
größer und zeitloser ist als unsere einfache physische Lebens-
spanne hier. Und wenn wir wirklich an den Lektionen des
Lebens gearbeitet haben, begreifen wir demütig, daß wir
noch viel lernen müssen. Hier ist kein Raum für Arroganz –
es gibt immer noch soviel mehr zu entdecken.

Wie der Reis haben Sie sich durch viele Phasen bewegt,
um an diesen Punkt in Ihrem Leben zu gelangen. Und Sie
werden viele weitere Wiedergeburten erleben, sobald Sie Ihr
Denken verändern und neue Situationen in Ihrem Leben entstehen sehen.

Auf dieser Stufe der Selbstentdeckung – Wiedergeburt –
hebe ich die *Liebe* als einen Schritt zur inneren Kraft hervor.
Wie wir im vorangegangenen Kapitel erörtert haben, befin-
det sich die Liebe im Kern der Freiheit, dem höchsten Ziel,
für das wir arbeiten. Ich betone auch andere Schritte zur inneren Kraft, nämlich die *Loyalität* und die *Geduld*, denn

wenn alte Selbstbilder dem Neuen weichen, werden verschiedene Hindernisse Sie zweifellos herausfordern. Neue Ablenkungen können Sie von Ihren Zielen abhalten, und Sie werden sich selbst und Ihrer Verpflichtung gegenüber loyal bleiben müssen. Und nur mit dem richtigen Gefühl der Geduld werden Sie in der Lage sein, lange genug an Ihren Zielen festzuhalten, um sie Früchte tragen zu sehen.

Lassen Sie uns zunächst die Rolle der Liebe bei Ihren vielen Wiedergeburten das ganze Leben hindurch untersuchen. Danach werden wir darüber nachdenken, warum Loyalität und Geduld bei der Entdeckung Ihres wahren Selbst so wichtig sind.

Liebe

Der Stille Meister in Ihnen ist dieselbe Lebenskraft, die das Universum hervorbrachte. Und diese Lebenskraft ist reine Liebe. Alles, was sie erschafft, drückt Liebe aus. Auch wenn wir uns angesichts der Unermeßlichkeit dieser unendlichen Lebenskraft wohl immer unbedeutend fühlen werden, sollte uns gleichzeitig aber auch stets bewußt sein, daß wir eins mit ihr sind. Die universale Lebenskraft rief das Universum und uns alle mit Liebe ins Leben. Und es ist die Kraft der Liebe, die uns im Leben von einer Wiedergeburt in die nächste bewegt, sobald wir uns tranformieren, indem wir immer mehr von dem Stillen Meister in uns entdecken.

Liebe ist die universelle Lebenskraft, Ihr Stiller Meister

Wenn Sie wahre Liebe in Ihrem Leben finden, empfinden Sie ein bestimmtes Gefühl von Glück, das nicht von jemandem oder von etwas abhängt. Der Grund dafür ist der, daß dieses Gefühl *von* Ihnen und nicht von außen *zu* Ihnen kommt. Diese Liebe, die jetzt in Ihnen ist, ist Ihr Bewußtsein des Stillen Meisters. Wenn Sie diese Liebe ausdrücken, drücken Sie Ihren Stillen Meister aus.

Es ist eine stille Freude, die aber auch große Begeisterung zum Ausdruck bringt. Wenn Sie diese Liebe spüren, sind Sie froh, am Leben zu sein, und dankbar, jeden Morgen aufzuwachen und Ihr Leben zu führen. Diese Liebe findet überall Schönheit und würdigt die schöpferische Kraft des Lebens, da sie weiß, daß es überall Möglichkeiten gibt, um mehr Freude und mehr Glück und mehr Freiheit hervorzubringen. Diese Liebe kann nicht verletzt oder zerstört werden, weil sie reine Energie ist. Sie kann zwar vorübergehend getrübt, aber nicht zerstört werden. Wenn negative Emotionen oder schmerzvolle Situationen einen Schatten auf sie werfen, behält sie ihre liebende Kraft bei, bis die Harmonie wiederhergestellt ist.

Weil diese Liebe wirklich und wahr ist, ist sie machtvoll. Ihre Präsenz allein kann jede Unwahrheit überwinden, genauso wie die Sonne durch die Wolken bricht. So mußte ein Schüler von mir einmal jemanden aufsuchen, der ihm feindlich gesinnt war, jemanden, der mit Gewalt gegen ihn vorzugehen versucht hatte. Mein Schüler hatte natürlich Angst vor dieser Begegnung und sprach mit mir darüber. Ich riet ihm, nicht wütend zu werden oder auf irgend etwas einzugehen, gleichgültig, was diese Person sagen oder tun würde, sondern sie einfach zu lieben. Er sollte einfach Liebe spüren und wissen, daß diese Person aus Unwissenheit heraus handelte und nicht ihr wahres Selbst war. Einfach lieben, gleichgültig, was passieren würde. Mein Schüler ging zu diesem Treffen, und tatsächlich schrie und brüllte die Person, schlug auf den Schreibtisch und gegen die Wand und versuchte, ihn mit Drohungen einzuschüchtern, aber mein Schüler blieb ruhig und liebevoll. Schon bald gab sein Gegner auf. Wo Liebe ist, ist für nichts anderes Platz.

Ich möchte betonen, daß das vielleicht einfacher gesagt als getan ist. Es erfordert viel Disziplin und Selbstbeherrschung, wirklich zu lieben. Aber jedesmal, wenn Sie sich in dieser Liebe üben, wird es Ihnen besser gelingen; jedesmal, wenn Sie das Resultat der Kraft der Liebe sehen, werden Sie dazu ermutigt, es wieder zu tun. Und dann stellen Sie fest, daß Sie auf höhere und stärkere Seinsebenen emporsteigen. Machen Sie sich feindselige oder aggressive Situationen zunutze, um die Kraft der Liebe zu beweisen.

Liebe akzeptiert Herausforderungen

Auf der Stufe der Wiedergeburt betone ich den Schritt der Liebe zur inneren Kraft, weil die Wiedergeburt beziehungsweise das Wachstum nicht immer leicht oder angenehm ist. Wenn Sie verstehen, wie die Liebe funktioniert, dann wissen Sie, daß alles, was Sie tun, Gutes hervorbringt und nicht das Leben schwerer macht.

Eine schwierige Herausforderung oder eine Notlage kann etwas Gutes sein. In meinem Unterricht provoziere ich manchmal mit Absicht schwierige oder unangenehme Situationen für die Schüler. Angenehme Situationen bringen nicht unbedingt Schwächen ans Licht, und ich will, daß die Schüler ihre Schwächen erkennen, damit sie etwas dagegen unternehmen können. Sie werden stärker, wenn Sie Ihre Schwächen aus dem Weg räumen.

Manchmal sagen neue Schüler: »Ich habe keine Probleme ... Ich fühle mich nicht unsicher oder schwach ... Ich bin nur hier, um mir ein wenig Bewegung zu verschaffen.« Nach kurzer Zeit des Trainings höre ich dann: »Ich habe nicht gewußt, daß ich davor Angst habe« oder »Es war mir nicht bewußt, daß in mir soviel Wut steckt.«

Die Liebe räumt ziemlich gründlich auf und drückt sich manchmal durch scheinbar lieblose Situationen aus. Wenn Sie sich bewußt um Transformation und Wachstum bemühen, wird die Liebe den Schleier von einigen Eigenschaften heben und Ihnen Einblicke gewähren, die Ihnen möglicherweise nicht gefallen. Vielleicht stellen Sie fest, daß Ihre Großzügigkeit eigentlich der Wunsch ist, jemanden für sich zu gewinnen, daß Ihre Selbstlosigkeit tatsächlich Schwäche ist oder daß sich hinter Ihrer Geduld Faulheit verbirgt.

Wie bei dem Reishalm, der sich wegen der Fülle seiner

149

Lektionen des Lebens nach unten biegt, wird eine gewisse Demut Ihrerseits erforderlich sein, um bereit zu sein, diese Dinge in Ihnen zu sehen, und eine gewisse Stärke und Verpflichtung, um eine Veränderung zu bewirken. Sie müssen sich also genügend lieben, um zu wissen, daß die Liebe immer für Sie da ist, und sich treu bleiben, bis die Liebe – Ihr Stiller Meister – Ihnen das Gute zeigt, indem die Unwahrheiten aus dem Weg geräumt werden. Seien Sie also fähig, sich wie der Reis zu biegen, wenn Sie sich Ihren eigenen unerwünschten Eigenschaften stellen. Eben weil der Reishalm biegsam ist, bricht er nicht im Wind.

Manchmal haben Menschen das Gefühl, daß ihr Leben in Wirklichkeit erst dann in die ›heiße Phase‹ kommt, wenn sie die Entscheidung treffen, sich zu verändern oder an sich zu arbeiten. Vielleicht verlief ihr Leben zuvor ruhig und ereignislos, und es hat auf den ersten Blick den Anschein, als ob das alte Leben besser wäre. Aber war das alte Leben wirklich so ruhig und ereignislos? Oder stagnierte es? Lassen Sie uns ein Beispiel aus der Natur nehmen. Welches Wasser möchten Sie lieber trinken: Wasser aus einem fließenden Gewässer oder aus einem stehenden Teich? Selbstentdeckung und Wachstum sind dem fließenden Gewässer gleich – sie bewegen sich immer in irgendeine Richtung. Aber ein fließendes Gewässer stößt zwangsläufig auf Hindernisse und muß über oder um sie herum fließen, um seinem Lauf zu folgen. Wenn Sie die Entscheidung treffen, Ihr wahres Selbst zu entdekken, verändern sich Ihre Gedanken und Emotionen, und Ihr Leben bewegt sich wie ein fließender Strom. Und die Liebe wird Ihnen auf alle möglichen Arten Veränderungen zuführen, nicht nur auf lustige und angenehme.

Vertrauen Sie auf die Kraft der Liebe

Was ist Vertrauen? Ist es nicht Vertrauen, wenn man die Präsenz und Wirklichkeit von etwas anerkennt? Wenn Sie Ihrem Stillen Meister vertrauen, vertrauen Sie darauf, daß seine Wahrheit und Liebe wirklich und präsent sind. Wenn Sie nicht leicht vertrauen können, müssen Sie möglicherweise mit Hilfe von Selbstdisziplin lernen zu vertrauen, worauf wir gleich genauer eingehen werden.

Falls Ihnen Vertrauen schwerfällt, werden Sie dazu neigen, sich ängstlich und ohnmächtig zu fühlen, wenn Sie Hindernisse, die die Kraft Ihres physischen Selbst überschreiten, angehen müssen. Aber denken Sie einmal nach: Kann die Lebenskraft, die das Universum und Sie hervorgebracht hat, so unzuverlässig sein und Sie in irgendeiner Situation scheitern lassen? Läßt Ihre Lebenskraft Ihr Herz nicht in diesem Augenblick schlagen? Ihr Stiller Meister – die universale Lebenskraft – ist Ihnen am nächsten. Er ist Ihr Atem, Ihr Herzschlag und Ihre Wärme. Auf der ganzen Welt wird neues Leben in allen möglichen Formen geboren, womit uns immer wieder gezeigt wird, wie das Leben aus sich selbst heraus entsteht.

Da die Lebenskraft ewig und überall existiert, ob mit Ihnen oder ohne Sie, ist Vertrauen etwas, das nur Sie aufbringen können. Sie können wählen, ob Sie die Lebenskraft als Ihnen eigen anerkennen und als Einheit mit ihr handeln wollen. Oder Sie entscheiden sich dafür, sie zu ignorieren; in diesem Fall können Sie sie nicht nutzen, so daß Sie sich ohnmächtig fühlen werden.

Das Vertrauen in Ihren Stillen Meister ist eine der Möglichkeiten, Ihre Verbindung zur universalen Lebenskraft zu realisieren und sie machtvoll und *präsent* zu machen.

Stellen Sie sich einen Vogel vor, der bei rauhem, aber nicht ganz ungünstigem Wetter ein wichtiges Ziel anfliegen will. Er will sich mit seiner verloren geglaubten wahren Liebe wiedervereinigen, und darum ist ihm viel daran gelegen, sein Ziel zu erreichen. Vielleicht denkt der Vogel wie wir in ähnlichen Situationen: »Nun, das Wetter ist nicht ganz so übel. Es ist zwar nicht das beste, aber damit werde ich schon fertig.« Auf einmal wird der Wind heftig und schleudert den Vogel herum. Jetzt scheint der Wind die Kontrolle über ihn zu haben. Der Vogel wird nach allen Richtungen gestoßen und gezogen und geworfen. Er denkt: »Ich bin verloren. Dagegen komme ich nicht an. Ich werde es nicht schaffen. Warum passiert so etwas? Warum passiert mir das?« Auf diese Weise reagieren wir nur allzuoft auf Hindernisse im Leben.

In diesem Augenblick kann der Vogel seinen eigenen Worten glauben, die Beschränkung akzeptieren und in die Tiefe stürzen.

Aber angenommen, dieser Vogel besitzt Vertrauen und Selbstdisziplin: Er ertappt sich schnell bei seinem begrenzten Denken und konzentriert sich statt dessen auf das Ziel – seine Bestimmung. Er läßt sich durch bloße Hindernisse und Verzögerungen nicht von seinem Ziel ablenken und lehnt es ab, sich auf Schuldgefühle, Kritik, Selbstmitleid, Wut oder rachsüchtige Gedanken einzulassen. Er sagt sich nur: »Meine Flügel funktionieren noch, also fliege ich weiter, was auch passieren mag.« Dann wird der Wind noch stärker, so stark, daß der Vogel immer höher und schließlich hoch über die Wolken geschleudert wird, wo die Luft oberhalb des Sturms ruhig und still ist. Auf einmal kann er ungehindert und besser fliegen als zuvor. Der Wind selbst, der anfangs sein Hindernis war, hebt ihn in die Höhe empor, dorthin, wo er frei und ungehemmt sein Ziel verfolgen kann.

Diese Geschichte zeigt, was ich damit meine, daß man auf die Kraft der Liebe vertrauen soll. Wenn Sie Ihr Vertrauen auf diese Kraft setzen, wird die Liebe für Sie da sein, gleichgültig, in welchen äußeren Formen sie zum Vorschein kommt oder verschwindet. Auf welche Hindernisse Sie auch stoßen, während Sie auf Ihre Ziele zufliegen, die Liebe steht zu Ihrer Verfügung.

Es lag an dem Vogel, ob der heftige Wind als schlechte oder gute Kraft wirkte – als Hindernis oder Hilfe. Er traf eine Wahl. Da er sich entschied, den Wind nicht als unüberwindliches Hindernis zu betrachten, befähigte ihn die Liebe, die Situation zu verändern, so wie es immer der Fall sein wird. Als der Vogel über den Sturm gehoben wurde, erfuhr er die Folgen seines disziplinierten Denkens, seiner disziplinierten

Einstellung und seiner disziplinierten Erwartungen. Wenn er an den Gedanken, Gefühlen und Erwartungen, die zuerst in ihm hochkamen, festgehalten hätte, wäre er in die Tiefe gestürzt und hätte niemals seine wahre Liebe am Ende seiner Reise wiedergetroffen.

Ebenso wie Stürme in der Natur losbrechen und vorübergehend die Sonne verdunkeln, werden in Ihrem Leben emotionale Stürme losbrechen und vorübergehend Ihre Liebe überschatten. Wie entdecken Sie die Liebe hinter Ihren Stürmen und Hindernissen? Durch Selbstdisziplin.

Mit Selbstdisziplin reagieren Sie auf Hindernisse und Herausforderungen. Selbstdisziplin bedeutet, daß Sie gute Entscheidungen treffen, so daß Sie nicht von Ihren Zielen abweichen, auch wenn es ein hartes Stück Arbeit wird.

Loyalität

Loyalität ist die Selbstdisziplin, die es Ihnen ermöglicht, sich selbst und Ihren Zielen gegenüber verpflichtet zu bleiben. Loyalität sich selbst gegenüber bedeutet, daß Sie unsinnigen Versuchungen nicht nachgeben. Auf der Wiedergeburtsstufe der Selbstentdeckung betone ich den Schritt zur inneren Kraft der Loyalität, weil alle möglichen Ablenkungen Sie dazu verleiten könnten, daß Sie sich von Ihren Zielen entfernen. Nur wenn Sie sich selbst genügend lieben, um vollkommen diszipliniert und sich selbst gegenüber loyal zu bleiben, können Sie einen Sieg erringen.

Selbstdisziplin ist wie ein scharfes Schwert, das die Bindungen durchschneidet, die Sie davon abhalten, sich selbst gegenüber loyal zu sein. Wenn Sie nicht loyal sind, sind Sie dann nicht empfänglich für etwas, das Sie beeinflussen kann? Sie könnten niemals treulos – gegen sich selbst oder irgend jemanden oder irgend etwas – sein, wenn Sie nicht an etwas gebunden wären, dem Sie die Macht überlassen.

Sie müssen in der Lage sein, die Dinge, die Sie in Versuchung führen oder Macht über Sie haben, klar zu erkennen. Olympiasportler merken im Training, was ihre Leistung beeinträchtigt, und vermeiden derartige Ablenkungen. Wenn beispielsweise jemand einer zerstörerischen Eifersucht freien Lauf läßt, muß er die Gründe für diese Eifersucht erkennen und verstehen, damit er diesen Zustand beheben kann. Das Bewußtsein ist also ein sehr wichtiger Partner für Selbstdisziplin.

Selbstdisziplin ist der Weg, auf dem Sie sich von den Dingen, die Macht über Sie ausüben, distanzieren. Sie müssen im Mittelpunkt der Macht stehen und nicht irgend etwas in Ihren Beziehungen oder Ihrer Umgebung. Wenn Sie sich in Selbstdisziplin üben, werden Sie die Fähigkeit zur Distanz entwickeln müssen (vgl. viertes Kapitel).

Distanz wahren bedeutet loszulassen

Wenn wir über die Fähigkeit loszulassen reden, können wir sie unter zwei Gesichtspunkten, nämlich dem physischen und dem geistigen, betrachten. Natürlich sind beide miteinander verbunden, weil Ihr physisches Leben ein Bild von Ihrem geistigen Leben darstellt. Distanz bedeutet, daß Sie sowohl äußere materielle Dinge als auch innere Einstellungen loslassen. Lassen Sie uns zuerst auf die Bedeutung von Distanz in Ihrem äußeren, physischen Leben eingehen.

Erinnern Sie sich daran, daß Ihre Gedanken und Emotionen dabei helfen, die Umgebung, in der Sie leben, zu erschaffen. Wenn Sie neue Gedanken – oder neue Vorstellungen oder Erwartungen – in Ihrem Geist und Ihren Gefühlen zulassen, werden demzufolge neue Situationen in Ihrer Umgebung entstehen. Sobald Sie sich auf Ihren Stillen Meister einstimmen, werden Sie häufiger Wünsche und Neigungen spüren, die Ihre wahre Absicht widerspiegeln. Diese Wünsche und Neigungen können sich von allem, was Sie zuvor erfahren haben, gänzlich unterscheiden und als große Veränderungen in Ihrem Leben Gestalt annehmen, weil sich zwangsläufig Ihre Ziele und Ihre Prioritäten verändern und Sie völlig andere Schritte als zuvor unternehmen. Jedesmal, wenn Sie eine Angst oder eine Schwäche überwinden, werden Sie eine andere Person – eine Person, die in höherem Maße wahr und stark ist.

Was geht bei jeder neuen Geburt, die Sie erfahren, vor sich? Etwas Altes stirbt. Das muß so sein. Wenn Sie sich verändern, können das Alte und das Neue nicht Seite an Seite existieren. Wenn Ihre Änderung zuweilen einen Preis fordert, ist es der: Sie können nicht immer etwas Vertrautes behalten. Bei neuen Unternehmungen ist es nicht immer bequem oder leicht, die Vergangenheit loszulassen. Angenommen, Sie wollen abnehmen und haben bereits mit einer Diät angefangen. Aber wie reagieren Sie, wenn Ihnen klar wird, daß Sie jetzt Ihre alten Eßgewohnheiten – für immer – aufgeben müssen, damit Sie Ihr Ziel erreichen können? Oder Sie wollen sich mit neuen Freunden umgeben, die Sie in der Abendschule kennengelernt haben, aber wie schwer ist es, den alten Freundeskreis aufzugeben, der gegenwärtig Ihre ganze Zeit in Anspruch nimmt?

An diesem Punkt kommt Selbstdisziplin zum Tragen – wenn Sie bereit für eine Veränderung sind. Sie werden manchmal eine bewußte und vernünftige Entscheidung, sich von einer Person oder einer Situation zu lösen, treffen müssen, um Ihre wahren Ziele zu verfolgen. Kennen Sie die Geschichte von dem Affen, der mit einer Hand etwas Eßbares in einem Loch festhält? Auf einmal sieht er etwas noch Begehrenswerteres außerhalb des Loches. Aber er kann den neuen Gegenstand nicht ergreifen, weil ihm nicht klar ist, daß er erst den alten im Loch loslassen muß, um seine Hand herauszubekommen. Er zieht und zerrt in dem Versuch, seine Hand freizubekommen, und begreift nicht, daß ihm das nicht gelingen wird, solange er festhält.

Selbstentdeckung bedeutet, daß Sie Ihre Prioritäten immer wieder in Frage stellen, neu festlegen und das, was Sie nicht wollen, loslassen müssen, auch wenn es noch so bequem und vertraut ist. Das wird sich sowohl auf Ihre Beziehungen als auch auf Ihre Umgebung auswirken. Wenn Sie beispielsweise erkennen, daß Sie an einem Haus oder einem anderen persönlichen Besitz festhalten, der Sie daran hindert, einen Schritt zu unternehmen, den Sie wirklich wollen, müssen Sie ihn vielleicht klugerweise und bewußt aufgeben.

Loslassen bedeutet, daß Sie Ihren Geist kontrollieren
Ebenso wichtig ist es, daß Sie Einstellungen loslassen. Tatsächlich wird Ihr Abschied von physischen Gegenständen nicht von Dauer sein, wenn Sie sich nicht von bestimmten Einstellungen lossagen.

Manchmal scheint es Ihnen leichter zu fallen, Ihre Willenskraft für die Änderung von physischen Gewohnheiten als von geistigen aufzubieten. Sie können Ihren Körper mit Ihrer Willenskraft kontrollieren, damit er Ihre Wünsche ausführt, während Ihr Geist ganz von selbst zu handeln scheint: Gedanken und Bilder kommen und gehen ohne Ihre Aufforderung oder Ihr Einverständnis. Sie müssen lernen, mit Ihren Gedanken und geistigen Bildern so umzugehen, als unterlägen sie Ihrer Kontrolle.

Alles, was Sie im gegenwärtigen Augenblick in Ihrem Geist beherbergen, trachtet danach, sich in Ihrem Leben zu manifestieren. Halten Sie an dem Kummer, der Wut oder dem Groll vom gestrigen Tag fest, oder fühlen Sie Angst oder Depression, wenn Sie an morgen denken? Nur wenn Sie den Inhalt Ihres Geistes streng beobachten, können Sie die Gedanken kontrollieren, die wiederum als Ihre Wirklichkeit Gestalt annehmen.

Die folgende Geschichte veranschaulicht, wie wir den Inhalt unseres Geistes wählen und daß wir unsere Gedanken nicht über uns herrschen lassen dürfen:

Ein Meister und sein Schüler durchwanderten das Land, um zu ihrem Tempel zu gelangen. Eines der Gelübde ihrer Sekte besagte, niemals das andere Geschlecht zu berühren. Als sie an einen Fluß kamen, stießen sie auf ein junges Mädchen, das gestrandet war und den Fluß nicht zu überqueren vermochte. Sie mußte jedoch dringend das andere Ufer erreichen. Voll Mitgefühl nahm der Meister die junge Frau auf die Arme und trug sie auf die andere Seite. Dann zog er mit seinem Schüler weiter, aber schweigend, denn sein Begleiter war mürrisch geworden und hatte sich in sich selbst zurückgezogen.

Nachdem sie einige Meilen zurückgelegt hatten, konnte der Schüler seine Wut nicht mehr zurückhalten. »Wie konntest du das nur tun?« platzte er heraus, ohne seine Mißbilligung und seine Unruhe zu verbergen. »Hast du mich nicht immer gelehrt, daß wir nie eine Frau berühren dürfen, daß es falsch ist? Und jetzt tust du genau das, ohne einen Gedanken zu verlieren. Zweifellos hast du gesündigt.« Der Meister blieb ruhig und gelassen. »Ich habe die Frau am Flußufer zurückgelassen«, erwiderte er. »Warum trägst *du* sie immer noch mit dir?«

Diese Geschichte zeigt, daß die Gedanken in unserem Geist so lange über uns herrschen können, wie wir es ihnen erlauben, dort zu bleiben. Der Meister, der seine Hilfeleistung der Frau gegenüber loslassen konnte, hatte einen reinen Geist. Er verstand, daß das Gelübde, keine Frau zu berühren, ihm dabei helfen sollte, seinen Geist von sexueller Begierde freizuhalten. Da es nicht seine Absicht war, geschlechtliche Lust zu empfinden, sondern nur, Mitgefühl zu zeigen, wußte er, daß er weder unrein war noch das Gelübde gebrochen hatte. Unter diesen besonderen Umständen war es natürlich leicht, die Handlung nach ihrer Durchführung loszulassen.

Der Schüler entschied sich dafür, kritisch und voll Groll über die Situation nachzugrübeln, und legte nicht die gleiche geistige Reinheit an den Tag. Er sah über die Oberfläche der Situation nicht hinaus, um die Reinheit der Handlung seines Meisters zu erkennen, sondern er sah nur die ›Sünde‹. Folglich konnte er das Bild in seinem Geist nicht loslassen.

Wenn sich dem Meister und seinem Schüler wirklich die Versuchung, einer verführerischen Frau nachzugeben, geboten hätte, wer würde ihr wohl Ihrer Meinung nach eher erliegen – der Meister, der anscheinend sein Gelübde, keine Frau zu berühren, gebrochen hatte, oder der Schüler, der aus der ›Sünde‹ ein solches Problem machte?

Vielleicht pflichten Sie bei, daß der Schüler wohl eher einer Versuchung erliegen würde. Warum? Weil er bewies, daß Sünde und Versuchung in seinem Geist machtvoller waren als Reinheit. Wie bewies er das? Indem er sich im Geiste aktiv mit der Sünde beschäftigte, wo sie eines Tages leicht Gestalt annehmen könnte. Statt dessen hätte er beschließen können, sich wie sein Meister auf Reinheit zu konzentrieren, aber er ließ die Sünde lebendiger für sich sein.

Bindungen können hinderlich sein

Da Sie wissen, daß Ihre Gedanken und Emotionen dazu beitragen, Ihre Umgebung zu erschaffen, seien Sie vor etwas gewarnt: Wenn Ihre Gedanken, Emotionen oder Einstellungen Sie an eine Person oder eine Situation binden, werden Ihnen Veränderungen unmöglich. Um welche Bindungen geht es? Wut, Haß, Groll, Kritik, Eifersucht, Lust, Kränkung (Selbstmitleid), um nur einige zu nennen. Es ist ein allgemeines Mißverständnis, daß sich die meisten unserer Bindungen auf Gegenstände konzentrieren und wir uns materieller Gegenstände entledigen müssen, um frei von Bindungen zu sein. In Wahrheit ist es so, daß unsere Einstellungen und Gefühle im Hinblick auf die Gegenstände stärker binden als die Gegenstände selbst.

So können wir uns zum Beispiel an einen Gegenstand, eine Person oder eine Situation gebunden fühlen, weil wir uns wohl fühlen wollen und Veränderungen fürchten. In diesem Fall ist die Bindung Angst und nicht der Gegenstand an sich. Wenn wir Angst vor dem Unbekannten haben, neigen wir dazu, an dem, was wir haben, festzuhalten, und fürchten uns vor allem Neuen. Unglücklicherweise halten wir sogar an etwas fest, das uns weh tut, ob es ein Gegenstand oder eine Einstellung ist.

Nehmen wir Groll als Beispiel. Groll ist eine vertraute geistige Bindung, mit der sich die meisten von uns irgendwann auseinandersetzen mußten, und er ist wirklich eine Bindung. Wenn Sie an das letzte Mal denken, als Sie voll Groll waren, dann fanden Sie wahrscheinlich, daß Sie das Recht auf Ihrer Seite und allen Grund hatten, so zu fühlen, und es kam Ihnen nicht in den Sinn, ihn aufzugeben. Höchstwahrscheinlich war es Ihnen überhaupt nicht bewußt, daß Ihre Bindung an diesen Groll recht destruktiv war.

Angenommen, jemand wurde befördert, obwohl Sie davon überzeugt waren, daß Ihnen die höhere Stellung zugestanden hätte. Vielleicht waren Sie voll Groll und ertappten sich bei dem Gedanken: »Das ist nicht gerecht. Dieser Kollege ist nicht so gut wie ich. Ich hätte die Stelle bekommen müssen und nicht er.« Und vielleicht haben Sie sogar gedacht: »Hoffentlich versagt er, weil er die Stelle nicht verdient.« Dann ließen Sie diese Gedanken mit vielen dazugehörigen heftigen Gefühlen in Ihrem Geiste verweilen und glaubten sich wahrscheinlich dazu berechtigt, weil Sie dachten, daß das Recht auf Ihrer Seite sei.

Die Sache ist die, daß das Gefühl des Grolls völlig unnötig ist und Sie sich dadurch, daß Sie ihn fühlen, Ihr eigenes Gefängnis schaffen. Sie berauben sich Ihrer Fähigkeit, Ihr eigenes Wohl hervorzubringen.

Wie das? Lassen Sie uns näher betrachten, was Sie im Geist festhalten, wenn Sie Groll zulassen. Wenn Sie sagen: »Das ist nicht gerecht«, übersehen Sie die Tatsache, daß Gedanken und Emotionen alles hervorbringen, was für Sie existiert. Mißverstehen Sie mich nicht, wenn ich dazu folgendes sage: In diesem Beispiel bekommen Sie nicht das, was Sie verdienen, sondern das, was Sie sind. Ob Sie glauben, daß Sie etwas verdienen, oder nicht, ist ohne Belang. Das Gefühl, daß man etwas verdienen würde, ist oft eine Sache des menschlichen Urteils, das falsch sein kann. Von Belang ist, was Sie in Ihrem Denken sind, weil dort die schöpferische Kraft liegt. Wenn dieser Kollege die höhere Stellung bekam, die Sie wollten, bedeutet das, daß er half, sie zu erschaffen oder an sich zu ziehen. Nur weil er in den Genuß dieser Beförderung gekommen ist, heißt das nicht, daß Sie keine höhere Stellung erhalten, die Ihren Verdiensten entspricht. Aber in diesem Augenblick bekam der Kollege und nicht Sie diese Stellung. Indem Sie Groll hegen, geben Sie zu, daß Sie nicht die Kraft haben, Ihre eigene Situation zu steuern. Sie verleugnen Ihre eigene Kraft und geben sie statt dessen der anderen Person.

Und das führt mich zum zweiten Punkt. Indem Sie sagen: »Ich hätte befördert werden sollen und nicht er«, verleihen Sie der Meinung Ausdruck, daß die Zahl der Beförderungen begrenzt ist. Ist das so schlimm, wenn der Kollege die Stellung bekommen hat, die Sie eigentlich wollten? Warum setzen Sie sich selbst Schranken und bleiben dort stehen? Sie können ebenso bekommen, was Ihnen angemessen ist. Vielleicht ist die Zeit noch nicht reif. Und was geschieht, wenn sich eine andere, bessere Stellung in diesem Augenblick abzuzeichnen beginnt? Möglicherweise wurden Sie aus diesem Grund nicht befördert, weil Sie in diesem Fall nämlich für eine bessere Stellung nicht verfügbar gewesen wären. Aber indem Sie Groll hegen, geben Sie zu verstehen, daß nur er eine gute Stellung bekommen kann.

Mit Ihrer Aussage: »Hoffentlich versagt er, weil er die Stelle nicht verdient«, meinen Sie, daß Gutes zerstört oder einem Menschen weggenommen werden kann. Wenn Sie das glauben, machen Sie sich selbst ebenso zum Opfer dieses Glaubens. Das Gefühl des Grolls senkt sich auf Ihren Geist und überschattet Ihr Leben wie ein düsterer Regenschirm.

Indem Sie Groll gegen diesen Kollegen hegen, klammern Sie sich auch an alle anderen negativen Überzeugungen, die Sie in einem Zustand des Verlustes halten werden. Solange Sie an diesem Groll festhalten, solange Sie diese Bindung haben, werden Sie nicht frei sein, Ihre Gedanken und Emotionen zu nutzen, um für sich selbst Gutes zu schaffen. Diese falschen Überzeugungen werden weitere negative Situationen hervorrufen, die Sie darin bestärken, noch mehr Groll zu hegen, und der Teufelskreis wird so lange bestehen bleiben, bis Sie ihn durchbrechen. Wie durchbrechen Sie ihn? Indem Sie verstehen, warum Sie diese geistigen Eigenschaften loslassen müssen, und dann mit Hilfe Ihres Willens und Ihrer Intelligenz zur Tat schreiten.

Wenn Sie durch Ihren Groll daran gehindert werden können, Ihre Energie auf Ihr eigenes Wohl zu verwenden, ist es dann nicht sinnvoll, ihn aufzugeben?

Denken Sie zur Übung über einige andere negative Eigenschaften wie zum Beispiel Wut, Selbstmitleid und ähnliches nach, an denen Sie in diesem Augenblick festhalten, und untersuchen Sie mit diesen Gefühlen übereinstimmende Überzeugungen, wie ich es am Beispiel Groll vorgeführt habe. Ich glaube, daß Sie bald die Notwendigkeit einsehen werden, sich von negativen Einstellungen lösen zu müssen, wenn Sie Ihr Leben durch etwas Gutes bereichern wollen.

Unvoreingenommenheit hilft, unerwünschte Bindungen zu lösen

Unser Standpunkt gehört zu den Dingen, an die wir am stärksten gebunden sind. Diese besondere Bindung macht es uns schwer, die Gefühle und Motivationen anderer zu verstehen. Manchmal halte ich in meinen Seminaren einen gewöhnlichen Gegenstand wie eine Tasse oder eine Kassette hoch und fordere vier Teilnehmer auf, um mich herum Platz zu nehmen und mir zu beschreiben, was sie sehen. Ich ermuntere sie dazu, frei ihre Meinung zu äußern. Lange Zeit streiten sie sich darüber, wie der Gegenstand nun ›wirklich‹ aussieht, weil sich ihre Blickwinkel von Grund auf unterscheiden. Diese Übung gibt ihnen Gelegenheit zu erfahren, daß der Standpunkt einer Person bezeichnenderweise recht unbeweglich ist und daß eine Person ganz entschieden argumentiert und dabei einer anderen nicht wirklich zuhört.

Unvoreingenommenheit bedeutet, daß wir willens sind, andere Ansichten ins Auge zu fassen und andere Perspektiven zu berücksichtigen, bevor wir unanfechtbare Schlüsse ziehen oder Schwarzweißurteile fällen. Diese aufgeschlossene Haltung wird uns nicht nur helfen, mit unseren Mitmenschen besser zurechtzukommen, sondern auch, die Qualität unserer Regierung, unserer Führer und unserer Gesetze vernünftig zu beurteilen.

Besitzen Sie, ohne besessen zu sein

Wieviel Streß ist in Ihrem Leben, weil Sie sich abmühen, Verluste oder Veränderungen zu verhindern? Wieviel von Ihrer kostbaren Zeit wird Ihnen geraubt, weil Sie unentwegt Gegenstände verwalten, pflegen, reparieren oder reinigen müssen, die eigentlich nicht so wichtig sind?

Wenn Sie mit Gegenständen, Menschen oder Ereignissen umgehen können, ohne Angst davor zu haben, sie zu verlieren, und wenn Sie wirklich verstehen, daß alles Materielle nicht von Dauer, sondern der Veränderung, dem Verlust und dem Gewinn unterworfen ist, sind Sie auf dem Weg zur wahren Freiheit.

Da sich alles Materielle früher oder später auflösen wird, werden Sie Ihr höchstes Maß an wahrer Freiheit finden, wenn Sie Glück und Zufriedenheit außerhalb von materiellen Gütern entdecken. Gewiß leben wir in einer materiellen Welt, in der wir materielle Gegenstände zum Überleben brauchen, aber für unser Glück müssen wir nicht an diese Gegenstände gebunden sein. Glück ist eine Qualität, die Sie bereits in Ihrem Bewußtsein des Stillen Meisters besitzen und keineswegs durch materiellen Verlust oder Gewinn geformt werden kann. Je mehr Sie danach streben, sich von der Bindung an materielle Gegenstände und eingeschränktes Denken zu befreien und diesen Zustand des wahren Glücks in sich zu finden, um so unzerstörbarer wird Ihre Freiheit sein.

Geduld

Auf der Wiedergeburtsstufe lege ich besonderen Wert auf den Schritt zur inneren Kraft der Geduld, weil Sie bei Ihren Versuchen, neue Aspekte von Ihnen ans Licht zu bringen, zwangsläufig Fehler machen werden. Außerdem müssen Sie Geduld haben, weil sie Ihnen hilft, auf das Ergebnis zu warten, das Sie hervorbringen möchten. Geduld hat mit Liebe und Loyalität zu tun. Auf etwas zu warten bedeutet nicht, daß Sie sich zurücklehnen und hoffen; auf etwas zu warten bedeutet, daß Sie sich selbst genügend lieben, um geduldig Ihrer Wahrheit treu zu bleiben, bis sich das Resultat manifestiert. Ob Sie nun versuchen, einen neuen Beruf zu finden, eine Beziehung harmonischer zu gestalten oder abzunehmen, Sie werden immer Geduld brauchen, sobald Sie auf Ihr Ziel hinarbeiten.

Geduld ist auf der Wiedergeburtsstufe der Selbstentdeckung so wichtig, daß ich Ihnen eine Geschichte erzählen will, um Ihnen die Gefahren der Ungeduld deutlich vor Augen zu führen. Ebenso wie Sie Selbstdisziplin geübt haben, Ihren Zielen treu zu bleiben, müssen Sie geistige Disziplin aufbieten, um die Feinde der Geduld zu überwinden:

Es war einmal ein Dorf, dessen Bewohner noch nie einen Apfelbaum gesehen oder einen Apfel gegessen hatten. Eines Tages erschien ein Fremder in ihrem Dorf und schenkte ihnen ihre ersten Äpfel. Sie probierten die Frucht und waren durch den fremdartigen, aber wundervollen und köstlichen Geschmack von Ehrfurcht ergriffen und beflügelt. »Wie können wir an so etwas kommen?« fragten sie voll Verlangen und Begeisterung. »Was können wir tun, um diese Frucht zu bekommen?« Der Fremde entgegnete: »Ob ihr es glaubt oder nicht, mit diesen winzig kleinen Kernen könnt ihr diese Frucht anbauen.«

Der Fremde zeigte ihnen winzige Kerne, die sich von der Frucht, die sie gerade gegessen hatten, gänzlich unterschieden, und forderte die Dorfbewohner auf, sie einzupflanzen. Sieben aufgeregte Möchtegern-Apfelbauern traten vor, nahmen die Kerne und pflanzten sie ein. Sie gaben sich große Mühe, alle Ratschläge, die ihnen der Fremde über das Pflanzen gegeben hatte, zu befolgen, weil jeder von ihnen wirklich diese köstlichen roten Äpfel ernten wollte. Alle träumten von dem Tag, an dem sie die Äpfel genießen würden.

Reagieren Sie nicht auch so, wenn Sie eines Tages endlich erkennen, was Sie vom Leben wollen, und außerdem wissen, wie Sie es erreichen können? So wie der Fremde den Dorfbewohnern zeigte, wie sie an die gewünschten Äpfel kommen konnten, haben Sie erfahren, daß es bestimmte Hilfsmittel gibt (wie zum Beispiel die in diesem Buch dargestellten), mit denen Sie Ihre Ziele erreichen können. Dann beginnt der Prozeß der Selbstentdeckung – oder wie in dieser Geschichte der Prozeß des Apfelanbaus –, und Sie machen sich voll Aufregung und Vorfreude auf den Weg.

Die Tage vergingen, und nichts passierte. Ein Möchtegern-Apfelbauer fühlte Entmutigung in sich aufsteigen. Es war bereits eine Woche verstrichen, und noch immer waren keine Äpfel zu sehen. Doch eines Tages schob sich ein winziger grüner Sämling durch die Erde empor. Der Bauer war wütend. »Dieser Sämling hat nicht die geringste Ähnlichkeit mit einem Apfelbaum«, schimpfte er. Er dachte an die harte Arbeit, die er in die Pflege des Feldes investiert hatte, und zertrat die Pflanze. Dann wandte er sich verärgert, entmutigt und ernüchtert ab.

Jetzt beginnen wir, das Problem der Ungeduld zu erkennen. Sofortige Ergebnisse sind herrlich, aber das Problem liegt darin, daß sie selten sind. Die Ungeduld dieses Bauern ergab sich daraus, daß er dem Wachstumsprozeß nicht vertraute. Er glaubte nicht, daß, selbst wenn er die nötige Geduld aufbrächte, aus dem Sämling ein Apfelbaum entstehen würde. Statt dessen gab er sein Vorhaben nach kurzer Zeit des Wartens auf, weil er keinen reifen Apfel zu sehen bekam.

Sind Sie diese Art von Bauer? Wir erhalten selten sofortige Resultate, wenn wir an unserer Entwicklung arbeiten. Zuerst bemerken Sie vielleicht nur eine kleine Veränderung.

Aber diese kleine Veränderung sollte daran erinnern, daß die Veränderung im Gange ist und sich Ihr Wachstum vollständig entfalten wird, wenn Sie Geduld aufbringen. Nur das spielt eine Rolle. Mit welcher Geschwindigkeit Sie wachsen, ist unerheblich. Wenn Sie zum Beispiel versuchen, Ihre Schüchternheit dem anderen Geschlecht gegenüber zu überwinden, seien Sie zufrieden mit sich, wenn Sie feststellen, daß Sie jemanden mit Interesse ansehen können. Später können Sie noch zufriedener sein, wenn es Ihnen tatsächlich gelingt, ein Gespräch anzuknüpfen. Seien Sie mit kleinen Schritten zufrieden, bis Sie Ihr Ziel erreichen.

Es vergingen weitere Wochen, und die Bäume der anderen Bauern trieben Zweige und wurden schnell größer. Aber ein Bauer wurde der Routine, jeden Tag früh aufzustehen, um zu gießen und Unkraut zu jäten, allmählich überdrüssig – jeden Tag war soviel Arbeit zu erledigen. Nach einer Weile war er von anderen Tätigkeiten so in Anspruch genommen, daß er das Gießen und Jäten vergaß. Als er sich eines Tages schließlich an seinen Baum erinnerte und nach ihm sah, mußte er feststellen, daß dieser eingegangen war, weil ihm Wasser und die nötige Pflege gefehlt hatten. Zuerst war er untröstlich, aber bald wurde er wieder von allen anderen Tätigkeiten in Anspruch genommen, die ihn so beschäftigt gehalten hatten.

Hier haben wir es mit einer anderen Form der Ungeduld zu tun: der Unfähigkeit, sich lang genug verpflichtet zu fühlen, um die Verwirklichung des Ziels zu erleben. Sind Sie ein solcher Bauer? Er begann mit den besten Bemühungen und bedauerte schließlich sogar seine Nachlässigkeit, aber es fehlte ihm an leidenschaftlicher Energie, um seinem Ziel treu zu bleiben und seine Arbeit fortzusetzen, bis sich die Äpfel zeigen würden. Er führt die Lektion vor Augen, daß Sie an Ihrem Ziel festhalten und den Ablenkungen, die Sie von Ihrem Ziel abbringen können, widerstehen müssen.

Erinnern Sie sich daran, daß wir darüber gesprochen haben, wie Sie Ablenkungen am besten widerstehen – indem Sie loslassen, was Sie ablenkt. Der Bauer bewies, daß er sich distanzieren konnte, aber er distanzierte sich von der falschen Sache: Er ließ sein Ziel los. Und er konnte nur sich selbst die Schuld geben. Bleiben Sie Ihren Zielen treu.

Monate verstrichen, und die kleinen Bäume wuchsen weiter. Jetzt waren sie schon so groß wie die Bauern selbst und wurden immer voller. Das Wachstum schien so lange zu dauern, daß ein Bauer sich zu ärgern begann. Für diesen Baum hatte er soviel aufgegeben, dachte er. Er konnte nicht mehr all das tun, was er früher getan hatte. Seine Freunde kamen vorbei und wollten ausgehen, aber oft konnte er nicht mitgehen, weil er sich um seinen Baum kümmern mußte. Viele Freunde hatten ihn ausgelacht und gefragt, warum er sein Leben für den langweiligen Baum einschränkte. Jetzt stellte er sich immer häufiger dieselbe Frage: Warum tue ich das eigentlich? Schließlich kam er zu dem Schluß, daß der Baum für ihn ein Gefängnis geworden war. Er hackte ihn um und ging zu seinen Freunden. Er fühlte sich frei, empfand aber gleichzeitig eine seltsame innere Leere.

Hoffentlich fallen Sie nicht wie der Bauer dieser Form der Ungeduld zum Opfer. Er konnte sich über seine Prioritäten nicht klarwerden. Seine Ungeduld – oder Kapitulation – war eine Folge davon, daß er nicht klar bestimmt hatte, was er eigentlich wollte. Entweder wollen Sie einen Apfelbaum haben oder nicht. Entweder wollen Sie Ihr Selbst entdecken oder nicht. Wenn Sie es wirklich wollen, müssen Sie diesem Ziel bis zu seiner Verwirklichung Priorität einräumen. Sie gehen weder auf Versuchungen noch auf Ablenkungen ein, welchen Ursprung diese auch haben mögen.

Wenn Sie einer Sache Priorität einräumen, gehen Sie über den *Versuch*, das Ziel zu erreichen, hinaus. Das bloße Versuchen verlegt Ihren Wunsch in die Zukunft, in der Sie bei Ihren Versuchen, ihn sich eines Tages zu erfüllen, immer bleiben werden. Sich zu einer Priorität zu verpflichten, bedeutet statt dessen, daß Sie sich bereits am Ziel sehen. Sie erhalten diese Vision aufrecht, bis Sie dort angekommen sind. Der Bauer verlor seine Vision dadurch, daß er sich von Ablenkungen beeinflussen ließ, die immer mehr Macht über ihn gewannen. Kein Wunder, daß er eine seltsame innere Leere empfand, als er von dem Baum fortging. Wenn Sie eine persönliche Vision aufgeben, verschenken Sie einen Teil von Ihnen, nämlich Ihre Kraft. Aufzugeben bedeutet, daß Sie Ihre Kraft hergeben, und der Bauer gab seine Kraft den unwürdigsten Personen, nämlich den Freunden, die ihn ausgelacht hatten. Sie sollten um Ihre Prioritäten wissen.

Nach einem Jahr blühten die Bäume. Überall an den Zweigen wuchsen Blüten, und die Bäume boten wirklich einen schönen Anblick. Als ein Bauer die schönen Blüten sah, hielt er sie für die Früchte. Er biß in eine hinein und spuckte sie aus. Es schmeckte fürchterlich! Das war doch nicht die köstliche Frucht, die der Fremde ins Dorf gebracht hatte. Er konnte es nicht fassen, daß er so lange gearbeitet hatte, nur um festzustellen, daß er die falsche Pflanze angebaut hatte. Keinen Apfelbaum, sondern einen Blütenbaum hatte er gepflanzt. Er fühlte sich betrogen, erschöpft und unversöhnlich. Nachdem er alle Blüten abgerissen hatte, trat er gegen den Baum und ging für immer fort.

Hier führt die Ungeduld zu einem weiteren traurigen Ende. Die Ungeduld des vierten Bauern ergab sich aus seinem fehlenden Verständnis dafür, daß das Wachstum gewöhnlich in Stufen abläuft. Ihm war nicht klar, daß sich das Obst aus den Blüten bilden würde. In seiner Ungeduld störte er einen wichtigen Teil des Entwicklungsprozesses der Früchte. Sind Sie diese Art von Bauer? Sind Sie zu schnell enttäuscht und geben zu leicht auf? Oder sind Sie willens, sich dessen bewußt zu werden und klar zu erkennen, wann Sie einfach eine Stufe oder eine Ebene in Ihrem Wachstum erreicht haben?

Es ist nur zu wahr, daß Blüten nicht zum Essen geeignet sind. Es ist nur zu wahr, daß Sie Ihr Ziel auf halbem Wege noch nicht erreicht haben. Aber da Blüten im Wachstumsprozeß eine wichtige Rolle spielen, können wir sie so nehmen, wie sie sind – als etwas Schönes, das man einfach bewundern und woran man sich erfreuen kann, bis sich aus ihnen später die Früchte bilden. Manchmal werden Sie sich auf Ihre Intelligenz verlassen müssen, um zu erkennen, daß Sie nicht versagt haben, sondern sich in einer Phase des Wachstums befinden, das sich weiterentwickelt. Geben Sie Ihre Ziele nicht auf, solange Sie sich nicht bemüht haben, eingehend zu untersuchen, wo Sie stehen.

Nach Ihrer Geburt waren Sie nicht sofort erwachsen, sondern durchliefen viele Stufen. Als Sie fünf Jahre alt waren, wußten Sie nicht unbedingt, wo Sie mit zehn Jahren sein würden. Und als Sie zehn Jahre alt waren, wußten Sie nicht, wo Sie mit zwanzig sein würden.

Wenn Sie sich vornehmen, Ihr Leben zu verändern, werden Sie sich möglicherweise genausowenig einen vollkommenen Überblick über die Ereignisse verschaffen können, die Sie zu einem bestimmten Resultat führen. Geben Sie also nicht einfach auf, weil Sie sich noch nicht dort sehen, wo Sie sein möchten. Jedes Ereignis in Ihrem Leben lehrt Sie etwas. Wenn Sie den direktesten Weg zu Ihrem Ziel nehmen wollen, dann nutzen Sie unterwegs jede kleine Bushaltestelle.

Denken Sie an die biblische Geschichte von Josef, dessen Brüder eifersüchtig auf ihn waren und ihn auf einer Reise im Stich ließen und dem Tod preisgaben. Schlimmer noch, er landete schließlich im Gefängnis – und wurde Sklave. Glauben Sie, daß er ›wußte‹, daß diese Ereignisse ihn zu einer politischen Machtposition in Ägypten führen würden? Wohl kaum. Wahrscheinlich war er eher geneigt, wütend, voll Groll und unversöhnlich zu sein. Schließlich hatte man ihm alles – seine Familie, seinen Reichtum, seine Freiheit – weggenommen. Dennoch blieb er die ganze Zeit über, trotz allem, was ihm zustieß, seiner Integrität und seinem inneren Wert treu.

Wo auch immer er war, er brachte positive innere Eigenschaften zum Ausdruck, und aufgrund seiner einzigartigen Gaben wurde er schließlich in eine Machtposition erhoben (er diente dem Pharao als rechte Hand). Alle seine unglücklichen Erfahrungen führten irgendwohin, und glücklicherweise gab er sich nicht ungeduldigem Groll hin. Er hielt an seiner Integrität fest, bis schließlich alles ein gutes Ende nahm.

Ebenso sollten Sie sich eher darauf konzentrieren, positive Gedanken und Gefühle zu entwickeln, als auf Ihre tatsächlichen Verhältnisse zu sehen, wo auch immer Sie in diesem Augenblick sind. Erhalten Sie Ihre Vision aufrecht und entwickeln Sie die geistigen Eigenschaften, die Sie dorthin führen können, wo Sie sein möchten. Ihre Verhältnisse werden sich infolgedessen verändern. Verwechseln Sie Wachstumsstufen nicht mit dem Endergebnis.

Die Jahre vergingen, und drei Bauern waren standhaft geblieben. Sie hatten allen Schwierigkeiten getrotzt, und jetzt trugen ihre Bäume Früchte. Hoch oben an den Zweigen konnten sie die schönen roten Äpfel sehen, so wie sie es sich erträumt hatten. Aber das Problem war, daß sie nicht an sie herankamen.

Ein Bauer griff nach einem Stock in der Nähe und beschloß, seine Äpfel vom Baum herunterzuschlagen. Er schlug nach den Zweigen, so daß alle Apfel vom Baum herabfielen. Aber als er sie später auflas, mußte er feststellen, daß sie Druckstellen aufwiesen und beschädigt waren. Und als er in sie hineinbiß, konnte er ihre Süße vor Erde und grobem Sand kaum schmecken. Er fühlte sich enttäuscht und betrogen angesichts dieser unerfreulichen Früchte.

Sie haben sich auf den Weg zu einem bestimmten Ziel begeben. Da Sie noch nicht angekommen sind, werden Sie ungeduldig und unternehmen etwas – irgend etwas – in dem Versuch, es zu beschleunigen. Aber diese Art von Ungeduld schlägt auf irgendeine Weise fehl, wie es bei diesem Bauern der Fall war. Sein Fehlschlag ergab sich daraus, daß er allzu voreilig war und deswegen seine Willenskraft falsch einsetzte. Als er auf ein scheinbar unüberwindliches Hindernis stieß, versuchte er, das Ergebnis zu erzwingen. Wenn Sie Ihrem Stillen Meister vertrauen, daß er eine bestimmte Manifestation zu bewirken imstande ist, und Sie anfangen, Resultate zu sehen, müssen Sie Ihr Vertrauen die ganze Zeit über bis zum Ende beibehalten. Dazu kann es notwendig sein, daß Sie geduldig in sich hineinhorchen und willens sind, sich nötigenfalls von Ihrem Stillen Meister anleiten zu lassen.

Der Bauer erkannte nicht, daß die Ernte der Äpfel eine Stufe im Prozeß und geduldiges Warten auf einen sinnvollen Weg, um an die Früchte zu kommen, eine weitere Stufe darstellte, sondern griff voreilig ein und gebrauchte sinnlose ›Kraft‹. Das ist der falsche Einsatz von eigenem Willen, der das, was Sie aufgebaut haben, wahrscheinlich zerstören wird. Wahrer Wille, wie er von Ihrem Stillen Meister herrührt, ist vernünftig und effektiv, wenn er zum Ausdruck gebracht wird, und schafft Harmonie. Wahrer Eigenwille ist die Folge davon, daß Sie auf die innere Stimme Ihres Stillen Meisters hören, der Sie führt, beschützt und zu harmonischem Handeln veranlaßt. Wenn sich der Bauer die Zeit genommen hätte, geduldig in sich hineinzuhorchen, wäre eine angemessene Lösung seines Problems zum Vorschein gekommen, und er hätte die Früchte seiner Arbeit genießen können. Lassen Sie sich nötigenfalls führen.

Ein anderer Bauer sah zu seinen roten Äpfeln hinauf und begann sich all der harten Arbeit, die er in sie investiert hatte, zu erfreuen. Er gratulierte sich zu allen Opfern, die er auf sich genommen hatte – dem Schweiß und der Plackerei. Er beschloß, sich mit offenem Mund unter den Baum zu legen und darauf zu warten, daß diese süßen Äpfel in seinen Mund fallen würden. Er wartete und wartete und wartete ... und schließlich fiel ein großer dunkelroter Apfel in seinen Mund.

Schnell biß er hinein, aber zu seiner Überraschung war er innen weich und faul, und als er ihn näher betrachtete, kroch ein langer Wurm hervor. Er bedauerte es, seine Zeit vergeudet zu haben, und fühlte sich betrogen, daß er trotz seiner ganzen Mühe nichts als faule Äpfel vorweisen konnte.

Ebenso wie uns der fünfte Bauer den falschen Einsatz von Eigenwillen vorführte, zeigt uns dieser Bauer den falschen Einsatz von Geduld. Geduld bedeutet nicht, zu erwarten, daß uns unser Ziel auf einem silbernen Tablett serviert wird, wenn wir nur lange genug ausharren. Dieser Bauer feierte einen Sieg über die falsche Sache zur falschen Zeit und verfehlte aus diesem Grund seinen wahren Sieg. Er wurde ein wenig zu selbstzufrieden und selbstgefällig, indem er sich für seine harte Arbeit lobte, und erkannte nicht, daß er etwas für die Resultate seiner harten Arbeit tun mußte. Es traf zu, daß er die Äpfel erfolgreich angebaut hatte, und das war eine ausgezeichnete Leistung, aber kein wahrer Sieg. Einen wahren Sieg hätte er errungen, wenn er die Apfel geerntet und verwendet hätte. Wurden sie nicht zu diesem Zweck angebaut? Das Ziel der Bauern bestand darin, die Äpfel zu ernten und zu essen.

Wenn Sie ein bestimmtes Ziel vor Augen haben, müssen Sie den Augenblick Ihres wahren Sieges erkennen. Angenommen, Sie möchten eine zerrüttete Beziehung retten. Sie geben sich viel Mühe, um mehr Reinheit und Verständnis für Ihr wahres Selbst zu finden. Schließlich erkennen Sie, daß Sie viele neue Vorstellungen und Ideen errungen und sich von vielen schlechten Gewohnheiten befreit haben. Tatsächlich sind Sie besser geworden. Das ist eine großartige Leistung, aber nicht das höchste Ziel. Einfach geduldig darauf zu warten, daß die zerrüttete Beziehung wieder in Ordnung kommt, wird höchstwahrscheinlich vollkommen ineffektiv sein. Statt dessen müssen Sie in diesem Augenblick das Gelernte aktiv einsetzen. Dann können Sie den Sieg erringen. Erkennen Sie Ihren wahren Sieg.

Der letzte Bauer war sehr klein. Er sah zu seinem Baum hinauf und betrachtete all die schönen Früchte. Sein Herz klopfte vor Glück und großer Vorfreude, als er den Sieg in Reichweite sah. Endlich war die Zeit der Ernte gekommen. Aber er wußte nicht, wie er die Früchte vom Baum holen sollte. Er ging um den Baum herum und hoffte auf eine Idee. Dann versuchte er, auf den Baum zu klettern. Er zog sich am Baumstamm hoch, aber etwas weiter oben rutschte er ab und fiel herunter. So dicht am Ziel! Er spürte Angst in sich aufkommen. Würde er jetzt versagen? Sollte er jetzt, wo er so kurz vor seinem Sieg stand, doch noch versagen?

Aber er hörte nicht auf diese Angst. Er stand auf und versuchte es noch einmal. Immer wieder versuchte er, auf den Baum zu klettern, und jedesmal fiel er herunter.

Er begann sich zu fragen, ob er sein Ziel vielleicht nicht erreichen könnte. Vielleicht ist es unmöglich, dachte er. Vielleicht war der erhoffte Sieg nur eine Illusion – vielleicht sollte er einfach aufgeben. Ihn verließ der Mut.

Aber der Gedanke an die Äpfel, die fast in seiner Reichweite waren, trieb ihn an. Er versuchte es wieder und immer wieder.

Und dann! Als er sich auf dem höchsten Ast ausstreckte, sich noch etwas länger machte und dabei jeden Muskel in seinem Körper anspannte, konnte er schließlich gerade noch die Schale der Frucht fühlen. Aber konnte er noch weiter reichen? Eine Sekunde später lag der Apfel in seiner Hand.

Stellen Sie sich diesen Augenblick vor! Nach all den Jahren, all seiner Arbeit, all seiner Geduld hielt er schließlich die Frucht, den größten, dunkelsten und schönsten Apfel, den er je gesehen hatte, in seiner Hand! Mit einem enormen Gefühl des Stolzes, sein Ziel erreicht zu haben, biß er hinein und war erfüllt von Frieden, Harmonie und Freude. In diesem Augenblick hatten sich alle Entbehrungen, die er erduldet hatte, alle Stunden der Arbeit und Mühe mehr als millionenfach gelohnt. Die ruhige Liebe und Freude, die er verspürte, die Glückseligkeit, der Frieden und die Gelassenheit, die er in sich fand, waren unbezahlbar.

Dieser Bauer setzte Geduld richtig ein. Er wartete geduldig all die kleinen Stufen des Prozesses hindurch, blieb seinem Ziel treu, hielt an seinen Prioritäten fest, verwechselte keine Entwicklungsstufe mit dem Endresultat, ließ sich führen, so daß er die Äpfel vom Baum holen konnte, und erkannte zweifellos, wann sein wahrer Sieg kommen würde. Und noch etwas ist hervorzuheben: Dieser Bauer blieb beharrlich, bis das Ziel in seiner Hand lag, so wie er es sich gewünscht hatte.

Haben Sie sich als diese Art von Bauer erwiesen? Wenn das der Fall ist, feiern Sie hoffentlich!

»Es ist erst vorbei, wenn es vorbei ist.« Diese Wahrheit zeigt sich nirgendwo deutlicher als bei den Sportlern, die an den Olympischen Spielen teilnehmen. Da die Olympiateilnehmer im Wettbewerb annähernd ebenbürtig sind, liegt der Sieger oft nur um den Bruchteil einer Sekunde vorn.

In Laufwettbewerben erleben wir Fälle, in denen ein Läufer hinter dem wahrscheinlichen Sieger plötzlich ausschert, ihn überholt und den Wettbewerb mit nur wenigen Zentimetern Vorsprung gewinnt. Es ist so wichtig, daß Sie bis zum Ende Ihrem Ziel beharrlich verpflichtet bleiben! Olympiateilnehmer wissen nur zu gut, daß es sie eine Medaille kosten kann, wenn sie gegen Ende des Wettkampfes nachlassen. Genauso müssen auch Sie mit voller Verpflichtung bis zur Verwirklichung Ihres Ziels beharrlich bleiben. Der siebte Bauer gab sich den Schwierigkeiten nicht in letzter Minute geschlagen. Er blieb beharrlich, bis der Apfel in seiner Hand lag.

Die Belohnungen dafür, daß Sie sich bis zur Verwirklichung Ihres Ziels treu bleiben, gehen über das erreichte Ziel selbst hinaus. Jedesmal, wenn Sie gewinnen, eine Schwäche überwinden oder eine Grenze überschreiten, machen Sie Ihr wahres Selbst wirklicher und mächtiger in Ihrem Leben. Dieses Wachstum ruft weiteres Wachstum und weitere Herausforderungen hervor, die noch mehr von Ihrem Potential ans

Licht bringen. Und womit endet das alles? Mit größerer Freiheit für Sie. Wenn Sie Ihre Selbstentdeckung fortsetzen, werden Sie ein höheres Maß an Freiheit gewinnen.

Der richtige Einsatz von Geduld fördert den Sieg

Die Apfelbaumgeschichte zeigt uns, daß die Bauern zuerst alles richtig machten. Sie alle hatten ein bestimmtes zu erreichendes Ziel vor Augen, waren begeistert und engagiert und visualisierten sogar das gewünschte Ergebnis.

Sie träumten nicht nur von ihrem Erfolg, sondern unternahmen auch geeignete Schritte, um ihrem Ziel näherzukommen. Nichts hätte für jeden einzelnen den Erfolg verhindern können, aber unglücklicherweise wurden sechs von ihnen auf verschiedenen Entwicklungsstufen Opfer ihres eigenen ungeduldigen, undisziplinierten Denkens.

Aber wenn Sie wie der siebte Bauer handeln, sind Sie auf dem richtigen Weg zu unserem höchsten Ziel, der Freiheit!

Übung

1.

Wir haben gesehen, daß Sie in jedem Augenblick, in dem Sie sich positiv verändern, wiedergeboren werden. Wenn Sie negative Eigenschaften zum Ausdruck bringen oder ein anderer dies Ihnen gegenüber tut, haben Sie dennoch die Gelegenheit, Ihre eigene ursprüngliche Liebe in die Tat umzusetzen. Sie haben die Gelegenheit, das Negative aufzugeben und über Ihr wahres Selbst durch die Wahrheit zu ersetzen. Denken Sie an die vergangene Woche zurück und erinnern Sie sich an Situationen, in denen Sie Negatives zum Ausdruck gebracht haben. Es können viele oder nur wenige Beispiele sein. Üben Sie keine Selbstkritik, weil Sie so gefühlt und gehandelt haben, sondern überlegen Sie sich für jede Situation Handlungsalternativen. Notieren Sie Ihre Antworten auf folgende Weise:

»In dieser Situation empfand ich Eifersucht und reagierte darauf mit ... Statt dessen hätte ich ... können, und wir beide hätten uns besser gefühlt.«

Oder: »Ich war verärgert, als diese Person so schroff mit mir geredet hat, und reagierte darauf mit ... Statt dessen hätte ich ... können, und wir hätten den Konflikt vermieden.«

Wohlgemerkt, mit dieser Übung soll nicht bewiesen werden, daß Sie nicht das Recht hatten, die negative Emotion zu fühlen. Vielmehr soll gezeigt werden, daß eine positive Handlung oder Einstellungsänderung helfen kann, die Ursache für das Negative zu beseitigen und ein neues und anderes Selbstbild zu fördern.

2.

Versuchen Sie diese Übung vor dem Einschlafen, wenn Sie entspannt sind und Ihr Geist frei ist. Stellen Sie sich vor, Sie wären eine Art energetischer Fernsehsender. Vielleicht können Sie sich selbst als eine Lichtkugel sehen, vielleicht ist Ihre Energie auch unsichtbar. Wie auch immer Sie es sich vorstellen, in diesem Zustand besitzen Sie jetzt die Fähigkeit, allen Personen, die Sie aus Ihrer gegenwärtigen Umgebung auswählen, eine Botschaft zu senden. Sie wollen diese Personen von Ihren neuen Zielen, Ihrem neuen Selbstbild oder Ihrem neuen Weg in Kenntnis setzen. Sehen Sie beispielsweise Ihre Eltern mit Ihren neuen energetischen ›Augen‹ an. Reden Sie mit ihnen, bei welchen Tätigkeiten Sie sie auch sehen, und seien Sie sich bewußt, daß Ihre Botschaft sie umgibt und irgendwie vernommen wird. Sagen Sie ihnen, was für eine Person Sie sind und was Sie ihnen und der Welt gern geben würden. Sagen Sie ihnen, was Sie im Leben zu tun hoffen, was Sie von ihnen brauchen, um es tun zu können. Senden Sie auch den Freunden oder Arbeitskollegen die Botschaft, die sie hören sollen. Diese Übung ist eine Form der Visualisierung, die tatsächlich hilft, das Leben, das Sie ›senden‹, zu erschaffen.

Meditation

In diesem Augenblick kann ich meinen Stillen Meister zum Ausdruck bringen. Heute und jeden Tag kann ich mehr von meinem wahren Selbst zum Ausdruck bringen. Die Liebe in mir zeigt mir wahre Wünsche und wahre Richtungen, die mir Frieden und Freude und Harmonie bringen. Ich bin eins mit der Liebe meines Stillen Meisters, und darum kann ich die Stimme der Liebe hören, die jeden Augenblick zu mir spricht und mich durch wahre Gedanken, Ideen und Einstellungen führt, die mir bei der Schaffung meines höchsten Wohls helfen. Ich lasse bereitwillig jeden Charakterzug und jeden Wunsch los, der nicht mein wahres Selbst ist. Ich lasse jede Person, jeden Ort oder jeden Gegenstand los, der nicht Teil meines wahren Seins und meiner wahren Absicht ist. Ich kann reine Liebe durch mich hervortreten lassen und alles Gute anziehen. Das Potential für alles, was ich brauche, um mich selbst zu verwirklichen, ist jetzt in mir, und ich lasse zu, daß die Liebe, meine schöpferische Energie, es mir auf die richtige Weise zur rechten Zeit zuführt.

6.
FREIHEIT:
HANDELN SIE

Bild V des Stillen Meisters

Sie haben die Kraft,
Ihre Träume zu verwirklichen

Ihr Stiller Meister verfügt über ein uneingeschränktes Bewußtsein und eine überragende Intelligenz und ist bereit, Ihnen alle Einsichten, Informationen und Anweisungen zu vermitteln, die Sie benötigen, um Ihre Träume, Wünsche und Ziele zu verwirklichen. Genaugenommen ist dieses Bewußtsein die Quelle all Ihrer wahren Wünsche.

Bei der Entdeckung Ihres wahren Selbst – Ihres Stillen Meisters – geht es darum, daß Sie in der Lage sind, frei zu leben. Herzlichen Glückwunsch also! Sie leben in einem Universum, in dem die Freiheit Ihnen gehören kann. Feiern Sie schon? Wenn nicht, dann ist vielleicht noch nicht deutlich geworden, was Freiheit Ihnen persönlich bedeuten kann. Arbeiten Sie daran, Ihre Energie zu reinigen und zu erhöhen? Analysieren Sie Ihr Leben und bereiten Sie sich auf die Wiedergeburt in die Freiheit, die Ihnen rechtmäßig gehört, vor? Die Freiheit wartet in diesem Augenblick auf Sie. Welche Schritte werden Sie unternehmen, um sie sich zu eigen zu machen?

Was ist Freiheit?

Eines der vollkommensten Bilder von Freiheit ist für mich die freie, unverfälschte Natur. Vögel sind frei und fliegen dorthin, wohin auch immer ihre Instinkte sie leiten, zum höchsten Berg oder zum Meeresstrand. Bären, Hasen, Hirsche, Tiere mit allen möglichen Namen und in allen möglichen Größen streifen frei durchs Land, und sie alle finden Nahrung und Unterschlupf auf ihre eigene charakteristische Weise. Tiere drücken ihre einmalige Eigenart frei aus. Kein Tier versucht, ein anderes nachzuahmen. Pumas versuchen nicht, wie Hirsche zu leben oder deren Nahrung zu fressen. Hasen versuchen nicht, wie Bären einen Winterschlaf zu halten. Alle Tiere nehmen ihre Eigenarten als selbstverständlich hin, ›vertrauen darauf‹, daß die Natur alles Notwendige zur Verfügung stellt, um jedes ihrer Bedürfnisse zu befriedigen.

Und auch die Elemente sind frei und verteilen reichlich ihre Gaben. Die Sonne spendet zuverlässig Licht und Wärme, gleichgültig, was unten auf der Erde vor sich geht. Die Flüsse folgen ihrem Lauf in ihren heimischen Regionen und geben dem Leben Nahrung. Und überall findet man Schönheit. Wolken, Wind, Regenbogen, Schmetterlinge, durch die Bäume des Waldes scheinendes Licht – alles fügt sich zu einem schönen Bild der Harmonie zusammen.

Sie sind ein Teil von all dem! Freiheit, Schönheit und Originalität ist für Sie genau dasselbe wie für die anderen Lebewesen und die Elemente der Natur. Sie sind ein Original, ein einzigartiges und besonderes Individuum. Sie besitzen Ihre eigenen Begabungen und Fähigkeiten und brauchen einen anderen Menschen nicht zu imitieren oder sich das zu wünschen, was er hat. Sie haben Ihre eigene bestimmte Zielsetzung. Die Entdeckung Ihres Stillen Meisters bedeutet die Erkenntnis, daß Sie über die Kraft verfügen, sich Ihre eigene Freiheit zu schaffen. Frei leben bedeutet, daß Sie Ihre Freiheit in die Tat umsetzen. Sie allein sind für die Richtung Ihres Lebens verantwortlich. Sie lassen das Leben nicht zufällig geschehen. Sie machen sich selbst nicht zum Opfer.

Sie leben hier auf der Erde mit vielen anderen Menschen in vielen anderen Ländern zusammen. Da Sie nicht alle Ereignisse in der Welt kontrollieren können, bedeutet Freiheit, daß Sie kontrollieren, wie Sie auf die Welt reagieren. Sie kontrollieren, wer Sie sind, was Sie denken und wie Sie fühlen, und das formt all Ihre Erfahrungen. Freiheit bedeutet, daß Sie Ihre Kraft zur Verwirklichung Ihrer Ziele und Wünsche zum Ausdruck bringen, so daß nichts Ihnen Ihre natürliche Freude, am Leben zu sein, nehmen kann.

Sie sind frei, wenn Sie rein und Sie selbst sein können, gleichgültig, was – Ihnen oder der Welt – passiert, und wenn Sie Ihre Reinheit unter allen Umständen hervortreten lassen. Das Licht Ihrer eigenen Energie kann für Sie alle Dunkelheit vertreiben und Heilung und die Lösung von Problemen fördern, mit denen Sie sich konfrontiert sehen. Sie sind Ihr wahres schöpferisches Selbst, und Sie schaffen sich Ihre eigenen Freiräume, indem Sie Ihre Kraft einsetzen, um Ihr Leben so zu entwickeln, zu sichern und auszudrücken, wie Sie es sich vorstellen.

Freiheit bedeutet nicht, daß man keine Not oder Schwierigkeiten hat. Freiheit ist das Wissen, daß Sie die Kraft haben, Not und Schwierigkeiten zu überwinden. Wenn Sie irgendein Tier, das frei in der Natur existiert, fragen könnten, würde es Ihnen sagen, daß es nicht ohne ›Probleme‹ lebt. Überall sind Raubtiere, und das Leben stellt eine tägliche Herausforderung dar. Aber alle Tiere wurden mit Instinkten zu ihrem Schutz geboren und mit bestimmten Begabungen und Fähigkeiten ausgestattet, die ihnen helfen, am Leben zu bleiben und in Freiheit zu leben. Das gleiche gilt für Sie. Angesichts der Tatsache, daß Sie mit über sechs Milliarden Menschen zusammenleben, werden Sie niemals völlig frei von Problemen sein. Aber die Weisheit, Intelligenz und schöpferische Kraft Ihres Stillen Meisters ist in Ihnen und gewährt Ihnen jederzeit Führung, Schutz und Unterstützung. Sie sind frei, wenn Sie wissen, daß Sie mit dieser Kraftquelle verbunden sind und dieses Wissen in die Tat umsetzen können, um eine Notlage zu überwinden.

Sie und nur Sie allein haben die Kraft, sich selbst zu befreien, weil es Ihre Wahl ist, ob Sie die Verantwortung für Ihr Leben übernehmen wollen. Hier und jetzt ist Ihr Bewußtsein des Stillen Meisters, die schöpferische Lebenskraft des Universums, in Ihnen. Sie brauchen sich lediglich dafür zu entscheiden, daß Sie es entdecken wollen. Und dann müssen Sie nur noch einen weiteren Schritt tun, um Ihre Freiheit zu vervollkommnen: *Handeln Sie!*

Machen Sie sich zum Handeln bereit

So oft sehe ich Studenten, die Vorlesungen besuchen, Bücher lesen, akademische Grade erwerben und sich für ein neues Ziel begeistern. Sie reden darüber und reden noch ein bißchen mehr darüber. Und kurze Zeit später sind sie wieder Couchpotatoes und ›glotzen‹ mit glasigen Augen und wäßrigem Mund vom Anblick der Werbespots für Fast food und

Bier auf den Fernseher, und ihre einzige Handlung besteht darin, zum Kühlschrank zu gehen, statt Schritte für ihr Leben zu unternehmen.

Sie kennen den Ausdruck: »Nichts ist erfolgreicher als ein Erfolg.« Hier ist ein anderer: »Nichts verändert Sie mehr als eine Veränderung.« Wenn Sie wirklich bereit sind, Ihre Freiheit in Anspruch zu nehmen, wenn Sie wirklich bereit sind, kein Opfer mehr zu sein und die Verantwortung für Ihr Leben zu übernehmen, dann sind Sie bereit, eine Veränderung vorzunehmen. Veränderung bedeutet, daß Sie handeln – und nicht darüber reden, nicht nach einem begeisterten Anfang aufgeben, sich nicht angsterfüllt zurückhalten, sondern wirklich etwas tun.

Dadurch, daß Sie Veränderungen vornehmen, werden Sie frei, weil sich Ihnen viele andere Alternativen und Möglichkeiten auftun. Ein Mensch, der nur eine Handlungsweise, nur eine Seinsweise kennt, ist nicht so frei wie jemand, der unter vielen Möglichkeiten wählen kann. Einige der Schritte, die Sie unternehmen müssen, haben damit zu tun, daß Sie Veränderungen herbeiführen, die Sie darin bestärken, zusätzliche Möglichkeiten in Betracht zu ziehen.

Sind Sie willens, mit einigen Veränderungen anzufangen? Sind Sie willens, selbst die kleinsten Schritte zu unternehmen, um damit anzufangen, sich Freiheit zu verschaffen? Es kommt vor, daß Schüler, nachdem sie sich ein Ziel gesetzt haben, das Gefühl haben, daß sie nicht wissen, wo sie anfangen sollen. Wenn sie mich dann um Rat fragen, antworte ich ihnen, daß sie irgendwo anfangen sollen. Fangen Sie einfach an! Fangen Sie mit den folgenden Schritten an:

Setzen Sie sich realistische Ziele

Um eine Veränderung hervorzurufen, die Sie von Ihrer Opferrolle befreit, fangen Sie am besten mit kleinen Veränderungen an. Manche begehen den Fehler, zu hohe Erwartungen an sich selbst zu stellen, so daß sie schnell enttäuscht sind und aufgeben. Wenn Sie in den vergangenen zwanzig

Jahren auf all Ihre Konflikte mit Wut reagiert haben, werden Sie morgen kein friedlicher ›Heiliger‹ sein.

Es kann Sie viel Zeit und Arbeit kosten, diese Gewohnheit abzulegen. Wenn Sie sich also das Abstellen der Wut zum Ziel gesetzt haben, fassen Sie auch ein kleineres realistisches Ziel ins Auge: Wenn ich meine Schwiegermutter heute für zwei Stunden besuche, werde ich üben, ihr zuzuhören und mit Verständnis zu reagieren, gleichgültig, was sie sagt. Sie können sich auch ein Ziel wie das folgende setzen: Heute werde ich den Menschen aufsuchen, den ich angeschrien habe, mich entschuldigen und eine gute Lösung für unser Problem aushandeln. Das Üben dieser kleinen Veränderungen führt schließlich zu der großen Veränderung: Eines Tages werden Sie feststellen, daß Sie nicht mehr mit Wut reagieren.

Können Sie sich die dadurch entstehende Freiheit vorstellen? Wenn Sie sich an das letzte Mal erinnern, als Sie wirklich wütend auf jemand waren, werden Sie feststellen, daß es ein gutes Gefühl wäre, nie wieder Wut zu haben. Ist Ihnen klar, daß der Mensch, auf den Sie wütend waren, in dem Augenblick Macht über Sie hatte – eine Macht, die Sie zuließen? Sie waren nicht frei. Sie ließen jemand anderen bestimmen, daß Ihre Kehle sich zusammenschnürte und Ihr Herz hämmerte und beinahe zersprang. Dieser Mensch bestimmte, daß Sie die Beherrschung verlieren und vielleicht etwas Verletzendes oder Gewalttätiges tun würden. Sie ließen sich zum Opfer machen. Wollen Sie wirklich, daß jemand anders bestimmt, wie Sie sich fühlen und wie Sie handeln?

Stellen Sie sich jetzt vor, daß Sie sich diese destruktive Reaktion abgewöhnt haben. Sie setzen Ihre Kraft ein, um sich in der Gewalt zu haben. Sie übernehmen die Verantwortung. Sie entscheiden, was Sie fühlen werden. Wie sich ein anderer auch immer verhalten mag, Sie entscheiden, wie Sie darauf reagieren, und sobald Sie sich entschieden haben, fühlen Sie nie wieder diese schreckliche Wut. Sie stellen fest, daß Sie mit Ihrem ruhigen und liebevollen Verhalten tatsächlich

den Konflikt bereinigen und die Harmonie wiederherstellen
können. Wie frei wären Sie dann! Und das ist nur ein kleiner
Aspekt der Freiheit.

Aber wenn Sie zwanzig Jahre lang wütend waren, wird
diese Freiheit nicht über Nacht kommen. Sie werden üben
müssen, nicht einfach darüber nachdenken, sondern in jeder
Situation, die sich Ihnen bietet, üben.

Stellen Sie negative innere Dialoge ab

Haben Sie jemals Wert darauf gelegt, auf Ihre Gedanken zu
hören? Versuchen Sie es das nächste Mal, wenn Sie allein
sind, wenn Sie sich morgens anziehen, duschen oder rasie-
ren. Ihr Denken ist in vielem wirklich negativ: »Ich kann das
nicht ... Ich wollte, ich wäre stark ... Ich bin so faul ... Ich
habe überhaupt keine Kraft ... Ich bin so schwach ... Ich
verabscheue mein Aussehen ... Ich bin so gelangweilt ... Ich
tue es nur ungern ... Das wird nicht gutgehen ... Ich werde
das nie bekommen ...« Auch wenn Sie sich nicht in diesen
Worten denken hören – welche heimlichen Gefühle tragen
Sie normalerweise mit sich herum? Sind Sie überwiegend
friedlich und optimistisch gestimmt? Oder spüren Sie ständig Angst und Unruhe? Aller Wahrscheinlichkeit nach werden Sie feststellen, daß Sie viel Zeit damit verbringen, negativ zu fühlen oder negative Selbstgespräche zu führen.

In Gesprächen mit Menschen, die ich zu ermutigen und
anzuspornen versuche, höre ich sie oft sagen: »Nun, vielleicht könnte ich es tun«, »Ich glaube, ich kann es« oder
»Ich denke, ich könnte es schaffen.« Diese Ausdrucksweise
weist darauf hin, wie schwach sie in ihrem Denken sind. Eine
Veränderung tatsächlich vorzunehmen erfordert eine viel
stärkere Verpflichtung, als ein »Vielleicht«, »Ich glaube«
oder »Ich könnte« von sich zu geben.

Da diese Art des Negativen uns so vertraut ist, erkennen
Sie vielleicht nicht das Zerstörerische daran. Dieser ständi-
ge innere Dialog kann seit so langer Zeit eine Gewohnheit
sein, daß er unwillkürlich ganz von selbst abläuft. Das

bedeutet, daß Sie mit der Gewohnheit *bewußt* brechen müssen.

Fast jeder verbringt jeden Tag eine Zeitlang vor dem Spiegel, und aus diesem Grund empfehle ich meinen Schülern, bewußt einen positiven Dialog zu führen, während sie sich im Spiegel betrachten. Sie sagen: »Ich *kann* dieses oder jenes tun ... Ich *werde* das zuwege bringen ... Ich *weiß*, daß ich ... Ich *bin* gut darin« und so weiter. Sie werden sehen, wie schnell dieser Dialog Sie mit Tatkraft erfüllt und ein natürliches Lächeln und ein Wohlgefühl bewirkt. Haben Sie keine Angst davor, sich selbst zu lieben! Wie leicht sagen wir, daß wir Apfelkuchen lieben, daß wir Wettrennen lieben und daß wir unsere Kinder und Ehepartner lieben. Aber wie leicht sagen wir, daß wir uns selbst lieben? Versuchen Sie es oft zu sagen. Eines Tages werden Sie es wirklich glauben, und dann erfahren Sie eine ruhige innere Wärme und Freude, die sich einstellt, wenn Sie sich selbst lieben, unterstützen und vertrauen.

Verwenden Sie diese Spiegelübung, um mit sich selbst vertraut zu werden und sich nicht mehr als einen Fremden zu empfinden. Wenn Ihnen Ihr negativer innerer Dialog so vertraut geworden ist, daß Sie ihn nicht einmal mehr wahrnehmen, kann viel Arbeit vor Ihnen liegen, bis Sie Ihre wahren Gefühle erkennen.

Ändern Sie Ihre Körperhaltung

Kaum etwas anderes vermag Selbstachtung und Selbstvertrauen besser zu verraten als die Körperhaltung. Menschen, die sich selbst nicht mögen oder nicht an sich glauben, lassen das an ihrer schlechten, krummen Haltung erkennen. Menschen, die positive Energie ausstrahlen, die wissen, wer sie sind und wohin sie gehen, haben eine gerade Haltung und einen aufrechten Gang. Menschen, die resignieren, zeigen es nicht nur an ihrer Haltung, sondern auch an ihren Augen. Sie sehen zu Boden, vermeiden Blickkontakt zu anderen, lassen den Blick überallhin schweifen, als könnten sie ihn nicht auf einen Punkt fixieren, und in ihren Augen ist nicht das Funkeln und der Glanz wie bei glücklichen Menschen zu sehen. Erinnern Sie sich daran, daß Körper und Geist eins sind. Menschen, die ihren Blick ständig überallhin schweifen lassen, sind in ihrem Denken nicht zentriert: Ihre Augen lassen es erkennen. Sie haben kein starkes Gefühl dafür, wer sie sind, und sie fühlen sich schwach und unsicher.

Auch wenn Sie noch nicht über viel Selbstachtung verfügen, können Sie anfangen, Ihr physisches Selbst, das Ihr Wesen widerspiegelt, zu verändern. Da Ihr Körper und Ihr Geist miteinander verbunden sind, können Sie Ihren Geist zur Veränderung ermutigen, indem Sie Einfluß auf Ihren Körper nehmen. Während Sie sich im Spiegel betrachten, atmen Sie bewußt ein und richten Sie sich gerade auf. Sehen Sie sich in die Augen und gewöhnen Sie sich an das Gefühl, das Sie dabei empfinden. Sie werden automatisch selbstbewußter aussehen, und wenn Sie sich Ihrer Haltung – beim Sitzen, Stehen und Gehen – den ganzen Tag über bewußter werden, fangen Sie an, sich wirklich selbstbewußter zu fühlen. Warum? Weil Sie durch die Kontrolle über Ihre Körperhaltung Verantwortung übernehmen. Sie übernehmen tatsächlich die Verantwortung für den Raum, in dem Sie sich aufhalten, wenn Sie ihn mit sich ›füllen‹. Eine schlechte und krumme Körperhaltung bringt zum Ausdruck: »Ich bin klein und unbedeutend, und darum sollte ich nicht hier sein und soviel Raum einnehmen.« Eine aufrechte Körperhaltung bringt zum Ausdruck: »Ich spiele eine Rolle, ich zähle, ich bin wichtig und verdiene es, hier zu sein und Raum einzunehmen.« Diese Überzeugung hilft Ihnen, Situationen herbeizuführen, in denen Sie wichtig sind, in denen Sie eine Rolle spielen. Lassen Sie sich also durch einen physischen Schritt – indem Sie eine bessere Körperhaltung einnehmen – dabei helfen, eine positive Geisteshaltung zu entwickeln.

Nichts verändert Sie mehr als eine Veränderung. Selbst wenn Sie Ihr Aussehen oder Ihre physischen Gewohnheiten nur geringfügig verändern, werden dadurch Botschaften an Ihre gesamte Persönlichkeit gesendet, Botschaften, die lauten können: Veränderungen sind in Ordnung, Veränderungen können Spaß machen, Veränderungen können gute Ergebnisse hervorrufen. Diese Botschaften ermuntern sogar zu weiteren Veränderungen, und vielleicht stellen Sie in der Folge fest, daß Sie sich recht schnell transformieren.

So wie Sie im allgemeinen Ihren vertrauten inneren Dialog wiederholen, neigen Sie dazu, physische Gewohnheiten zu wiederholen. Sie können geistige Einstellungen nicht nur dadurch verändern, daß Sie eine andere Körperhaltung einnehmen, sondern auch durch die – selbst geringfügige – Veränderung physischer Gewohnheiten.

Haben Sie seit zehn Jahren lange Haare? Bis zu einem gewissen Grad stellen Ihre langen Haare ein Bild der Vergangenheit dar. Ziehen Sie in Erwägung, Ihre Frisur zu ändern. Lassen Sie sich die Haare schneiden, auch wenn es nur ein kleines Stück ist. Das tut bestimmt nicht weh, denn was auch passieren mag, sie wachsen wieder nach. Aber Sie können sich auf das Neue besser konzentrieren, wenn Sie das alte Bild der Vergangenheit beseitigen.

Tragen Sie immer Marineblau oder Grau oder Schwarz? Versuchen Sie es einmal mit einer anderen Farbe. Probieren Sie verschiedene Farben für Ihre Schuhe, Ihre Kleidung oder Ihren Lippenstift aus. Farben beeinflussen Ihre Energie auf unterschiedliche Weise; experimentieren Sie mit den Wirkungen verschiedener Farben auf Ihre Energie und Ihre Persönlichkeit. Abgesehen von den Unterschieden, die Sie vielleicht herausfinden, können Sie auch feststellen, daß Menschen anders auf Sie reagieren, wenn Sie bestimmte Farben tragen.

Essen Sie immer die gleichen Lebensmittel? Probieren Sie

etwas Neues aus. (Auch in diesem Fall kann es nicht weh tun, weil Sie es ja nicht wieder essen müssen.) Aber zumindest werden Sie etwas Neues versucht und eine Erfahrung gemacht haben.

Und was geschieht, wenn Sie feststellen, daß Ihnen die Veränderungen gefallen? In diesem Fall haben Sie Ihren Horizont erweitert und sich selbst die Freiheit gegeben, mehr Alternativen und Möglichkeiten in Ihrem Leben zur Verfügung zu haben.

Seien Sie willens, Risiken einzugehen

Seien Sie nicht überrascht, wenn es Sie nicht begeistert oder reizt, einige dieser Veränderungen herbeizuführen. Einer der Gründe, warum Sie diese Veränderungen nicht früher bewirkt haben, ist der, daß es beängstigend ist, das Vertraute aufzugeben. Eine Veränderung herbeizuführen bedeutet, daß man ein Risiko eingeht. Sie wissen nicht, was geschehen wird. Sie wissen nicht, wie andere darauf reagieren werden. Sie haben keinerlei Erfahrung mit dieser neuen Art des Tuns, des Seins und des Denkens. Aber dadurch, daß Sie Risiken eingehen, entsteht Selbstvertrauen. Und Selbstvertrauen hilft, Sie während des Prozesses Ihrer Selbstentdeckung anzutreiben.

Denken Sie an die Zeit zurück, als Sie zum ersten Mal etwas Neues gelernt haben – zum Beispiel Radfahren. Wahrscheinlich hatten Sie Angst, und es fehlte Ihnen an Selbstvertrauen. Es hätte überhaupt nichts genützt, wenn Sie auf dem Bürgersteig gestanden und darüber geredet hätten, wie man aufsteigt, die Pedale tritt und das Gleichgewicht hält. Sie mußten auf das Fahrrad steigen und es so lange versuchen, bis Sie feststellten, daß Sie wirklich fahren können. Dann hatten Sie Selbstvertrauen. Genauso wird wahrscheinlich nichts geschehen, wenn Sie einfach herumstehen und darauf warten, daß Sie Selbstvertrauen bekommen, um etwas zu unternehmen. Tun Sie etwas und gewinnen Sie dadurch Selbstvertrauen!

Sie können auf eine sehr positive Weise die Verantwortung für Ihr Leben übernehmen, indem Sie sich die Fähigkeit aneignen, sich klar zu äußern. Werden Sie willens, auf irgendeine Weise »Ich *will*« oder »Ich *brauche*« oder »Ich *bin*« *zu* sagen.

Viele Menschen machen sich nie auf einen guten Weg zu einem Ziel auf, weil sie sich nicht behaupten können. Sie fühlen sich nicht gut genug – oder sind sich ihrer nicht genügend bewußt –, um: »Ich will dieses« oder »Ich brauche jenes« zu sagen. Statt dessen haben sie ein verschwommenes Selbstbild, treffen selten gute Entscheidungen, planen nie langfristig, wissen nicht, wer sie in Wirklichkeit sind, und behaupten oder erklären sich infolgedessen niemals.

Es ist wichtig, daß Sie lernen, sich auszudrücken. Opfer tun das nicht. Genaugenommen ist eines der typischsten Merkmale von Opfern, daß sie einfach alles, was ihnen zustößt, schweigend hinnehmen und keinen Standpunkt beziehen. Einen Standpunkt beziehen bedeutet nicht, daß man aggressiv eine Konfrontation provoziert, sondern einfach nur, daß man weiß, wer man ist und was man will und was man erwartet. Opfer sind aus dem Grund Opfer, weil sie glauben, nicht handeln zu können. (Und Menschen, die Konflikte provozieren, glauben oft, daß sie keine konstruktiven Schritte unternehmen können, um zu bekommen, was sie wollen, so daß der Konflikt zur einzigen Taktik wird.)

Wenn Sie wissen, wer Sie sind und was Sie wollen, haben Sie ein ziemlich gutes Verständnis von Ihren Prioritäten. Wenn Sie Ihre Prioritäten kennen, neigen Sie dazu, vernünftige Schritte zu unternehmen, die Sie von Ablenkungen, Behinderungen und Konflikten abbringen. Sie sind zentriert. Und wenn Sie fokussiert sind, bleibt Ihre Richtung klar. Sie wissen mit Sicherheit, was Sie wollen, was Sie brauchen oder was Sie erwarten, weil Sie es ausdrücken können.

Um auf Ihrem Weg zu bleiben, ist es hilfreich, daß Sie sich

klar und nachdrücklich äußern. Wenn etwas passiert, das Ihnen den Weg verstellt, verhalten Sie sich nicht wie ein Opfer und geben auf. Übernehmen Sie die Verantwortung dafür, das Hindernis zu umgehen und Ihren Weg fortzusetzen. Um es noch einmal zu wiederholen: Nur Menschen, die genau wissen, wer sie sind und wohin sie gehen, können zentriert bleiben. Beginnen Sie jetzt damit, Ihre Prioritäten zu erkennen und ohne Angst zum Ausdruck zu bringen.

Die folgenden Methoden können Ihnen helfen, zentriert zu bleiben.

Definieren Sie klar und deutlich Ihre Ziele und Pläne

Vielleicht fällt es Ihnen nicht leicht, Listen aufzustellen, aber viele Menschen fühlen sich wohl mit Listen und verwenden sie zu verschiedenen Zwecken. Man sieht Menschen im Supermarkt mit ihren Einkaufslisten, während andere täglich ihre Liste für die im Büro zu erledigenden Dinge schreiben. Sie haben eine gute Methode, um sich davor zu schützen, von ihrem Ziel abgelenkt zu werden, es zu vergessen oder aus den Augen zu verlieren.

Auch wenn es normalerweise nicht zu Ihren Gewohnheiten gehört, Ihre Ziele schriftlich niederzulegen, können Sie doch auf diesem Weg Ihre Absichten am präzisesten auf den Punkt bringen. Indem Sie Ihre Ziele zu Papier bringen, treten Sie einen Schritt von Ihrem geplanten Vorhaben zurück und machen gleichzeitig einen Schritt in Richtung der tatsächlichen Ausführung.

Es ist nur allzu leicht, allgemeine Absichten zu haben wie: Ich würde gern ein besseres Leben führen, ich hätte gern größere finanzielle Freiheit, ich würde gern eine größere Wohnung haben. Aber Gedanken wie diese lassen sich nicht sehr leicht verwirklichen. Wünsche haben nicht die Kraft von Zielen. Gute Absichten und Wünsche müssen zu präzisen Zielen formuliert werden, damit sie Gestalt annehmen können. ›Ein besseres Leben‹ könnte in viele präzise Ziele umgesetzt werden. Einen Hund zu haben kann für eine Person ein besseres Leben bedeuten, während eine andere die Vorstellung von einem besseren Leben damit verknüpft, ein Boot zu haben, zu heiraten oder in einem ganz anderen Land zu leben. Haben Sie darüber nachgedacht, wodurch genau sich Ihr Leben verbessern würde? Seien Sie nicht überrascht, wenn Sie es nicht wissen. Viele von uns sind so daran gewöhnt, auf unfokussierte Weise über unser Leben zu denken, daß wir mit unseren wahren Wünschen eigentlich nicht vertraut sind. Denken Sie jetzt darüber nach. Was wollen Sie wirklich? Was würde Sie erfüllt und glücklich machen? Was müssen Sie tun, um es zu bekommen?

Sobald Sie wissen, was Sie möchten, setzen Sie sich ein Ziel mit einem präzisen Ergebnis. »Ich hätte gern größere finanzielle Freiheit« muß folgenderweise erklärt werden: »Ich will, daß sich mein Einkommen im nächsten Jahr um 20 000 Mark erhöht.« Wenn Sie präzise sind, können Sie leichter einen Plan entwerfen, um dieses Ziel zu erreichen. »Ich will dieses Ziel erreichen, indem ich die folgenden Maßnahmen in meinem Geschäft ergreife.« Oder: »Ich will dieses Ziel erreichen, indem ich mein Haus verkaufe und anderswo investiere.« Sie werden wahrscheinlich sehr unterschiedliche Schritte unternehmen müssen, wenn Ihr Ziel darin besteht, nur tausend Mark mehr zu haben. Und darum ist es wichtig, daß Sie genau wissen, was Sie möchten, damit Sie auch die angemessenen Schritte unternehmen können. Selbst wenn Ihr Ziel eher immaterieller Natur ist, wie zum Beispiel »Ich will meine Wut als Handlungsweise aufgeben« oder »Ich möchte meiner Familie gegenüber mehr Liebe ausdrücken«, brauchen Sie immer noch einen Plan, der aus einigen präzisen Handlungsschritten besteht.

Hegen Sie Ihre Ziele

Inzwischen haben Sie hoffentlich eine Liste aufgestellt, die Ihre Ziele erkennen läßt. Es ist wichtig, daß Sie diese Ziele jeden Tag in Ihren Gedanken und Gefühlen lebendig halten. Dadurch werden sie energetisiert, wird ihnen die geistige Energie zugeführt, die für ihre Manifestation notwendig ist.

Wenn Sie jeden Morgen vor dem Spiegel stehen und einen inneren negativen Dialog führen, hegen Sie negative Ziele. Wollen Sie wirklich, daß solche Ziele Gestalt annehmen? Wohl kaum. Sie müssen also nicht nur Ihren negativen inneren Dialog abstellen, sondern auch positive Ziele entwickeln. Eine Möglichkeit besteht darin, daß Sie jeden Morgen, bevor Sie Ihren Tag beginnen, Ihre Ziele überprüfen. Beim Aufwachen unterliegen wir gewöhnlich einem routinemäßigen Druck, wie betäubt aufzuspringen und irgendwie aus der Tür zur Arbeit zu stürzen. Statt dessen können Sie Ihr Aufstehen planen und sich bewußt mit dem Universum verbinden, bevor Sie zur Arbeit hetzen. Wenn hinter Ihrem Haus ein Garten liegt, gehen Sie hinaus und nehmen Sie sich inmitten der Pflanzen, Bäume und Vögel wahr, spüren Sie den Wind und erleben Sie das Licht der aufgehenden Sonne; oder stellen Sie sich zumindest diese Dinge vor, oder verbringen Sie ein paar Minuten in einer ruhigen Meditation, bei der Sie den Frieden Ihres Stillen Meisters spüren.

Dann gehen Sie entweder geistig oder schriftlich Ihre Zielliste durch. Vielleicht zählt es zu Ihren Zielen, Ihrem Ehepartner mehr Zuneigung zu zeigen, mehr Geduld mit einem schwierigen Mitarbeiter aufzubringen, an der heutigen Gymnastikstunde teilzunehmen, Ihre Diät durchzuhalten ... Was ist Ihnen wichtig? Was wollen Sie zuwege bringen? Es können Ziele auf kurze oder auf lange Sicht sein.

Wenn Ihre Ziele klar und in Ihrem Geist definiert sind, besteht der nächste Schritt darin, daß Sie sich den ganzen Tag über verantwortlich für diese Ziele zeigen. Sie verbringen den Tag nicht mit Warten, um zu sehen, was *mit* Ihnen passieren wird, sondern damit, Ihre Ziele in *Angriff zu nehmen*. Warten Sie beispielsweise nicht darauf, daß etwas Ungewöhnliches eintritt, damit Sie Geduld und Freundlichkeit zeigen können. Handeln Sie von Anfang an.

Selbst bei der Planung besteht immer die Gefahr, daß sich

Ihre besten Absichten fortstehlen. Auch aus diesem Grund lege ich Ihnen nahe, Ihre Ziele sichtbar zu machen. Bringen Sie ein Schild in Ihrem Schlafzimmer, Ihrer Küche, Ihrem Auto, neben Ihrem Schreibtisch an, überall dort, wo es Sie an ein wichtiges Ziel erinnert. Vielleicht besagt Ihr Schild: »Vergiß nicht zu lächeln«, »Wut verletzt nur dich selbst, liebe statt dessen«, »Werde schlank und gewinne« oder was es auch immer ist, woran Sie arbeiten wollen.

Verändern Sie Ihre Umgebung

So wie die Änderung Ihrer Haltung, Ihres Aussehens und Ihrer physischen Gewohnheiten daran mitwirken kann, auf Ihr Denken Einfluß zu nehmen, kann die Veränderung Ihrer Umgebung einen entschiedenen Beitrag zu Ihrer Transformation leisten. Eine neue Umgebung kann Ihnen helfen, daß Sie sich von der Vergangenheit befreien.

Der Begriff Umgebung ist ziemlich umfassend und bezieht sich auf alles, angefangen von dem Ort, an dem Sie leben, dem Ort, an dem Sie arbeiten, bis hin zu den Orten, an denen Sie gesellschaftlich verkehren, und sogar auf Ihre Beziehungen. Wieviel Sie davon bewußt ändern müssen, ist eine Ermessensfrage. Ihre eigene Veränderung wird sich letzten Endes auf Ihre Umgebung entsprechend auswirken. Wenn Sie zum Beispiel nicht mehr alkoholabhängig sind, werden Sie einfach nicht mehr in Ihren alten Stammlokalen verkehren. Wenn Sie Ihre Elektronikausbildung in der Abendschule abgeschlossen haben, werden Sie Ihre gegenwärtige unbefriedigende Arbeitsumgebung aufgeben. Diese natürlichen Veränderungen werden zwar eintreten, aber dennoch ist es wichtig, daß Sie einen Blick auf die Bereiche in Ihrer Umgebung werfen, die Sie jetzt am besten verändern können.

Menschen werden von ihrer Umgebung konditioniert. Wenn Sie in einem Haus leben, in dem Sie mit einer anderen Person viele zerstörerische Konflikte hatten, erinnert das Haus allein ständig an diese Konflikte. Diese negative Energie bleibt unbewußt bei Ihnen, solange Sie von denselben

Anblicken, Geräuschen und Gerüchen umgeben sind. Ihr Unterbewußtsein ist ein derart effektiver Buchhalter und Kassettenrecorder, daß Sie sich sogar dabei ertappen können, sich leicht verärgert oder ängstlich zu fühlen, wenn Sie ein Sofa oder einen Tisch einer anderen Person sehen, die denen in Ihrer Wohnung ähneln. Der Umzug in eine neue Wohnung, in eine andere Lage mit anderen Farben und neuen Möbeln wäre ein idealer Schritt nach Beendigung einer langen, problematischen Beziehung. Sie würden sich selbst Gelegenheit geben, die Vergangenheit wirklich loszulassen und neue Gefühle und Empfindungen willkommen zu heißen.

Das gleiche trifft auf einige Beziehungen zu. Ist Ihnen aufgefallen, daß sich Ihr Verhalten ändert, sobald Sie mit bestimmten Bekannten zusammen sind? Bei einigen Personen neigen Sie dazu, ehrlich, mitteilsam und ausdrucksvoll zu sein, während Sie sich bei anderen eher zügellos oder leichtfertig geben. Im Umgang mit wiederum anderen sind Sie vielleicht unsicher, unaufrichtig oder ein wenig falsch. In diesem Fall sollten Sie sich fragen, ob Sie wirklich Beziehungen aufrechterhalten wollen, in denen Sie ermutigt werden, Eigenschaften auszuleben, die Sie auszumerzen versuchen. Wenn Sie versuchen, Ihren Alkohol- oder Drogenkonsum einzustellen, wollen Sie dann wirklich von Menschen umgeben sein, die trinken oder Drogen nehmen?

Sie werden entgegnen, daß solche Beziehungen ein Test sind und Sie fähig sein sollten, Sie selbst zu sein, gleichgültig, mit wem Sie zusammen sind. Das stimmt zwar, aber das funktioniert nicht immer so. Selbst wenn Sie Ihre Integrität in einer Umgebung bewahren können, in der Menschen Sie zu Leichtfertigkeit oder Zügellosigkeit anhalten, so wollen sie wahrscheinlich nichts mehr mit Ihnen zu tun haben, wenn Sie sich nicht anpassen. Wenn sie Ihre andere Lebensweise akzeptieren können, ist ja alles gut und schön. Aber seien Sie darauf gefaßt, daß Sie im Verlauf Ihrer Veränderung dieselben Beziehungen vielleicht nicht aufrechterhalten können – vielleicht wollen Sie sie gar nicht mehr. Wenn Sie schließlich das von Ihnen angestrebte Gewicht verloren haben, wollen Sie wirklich Kontakte haben, die nur über das Essen gesellschaftlichen Umgang pflegen? Suchen Sie sich Ihre Umgebung sorgfältig aus, eine, die hilft, Ihre Verpflichtung rein und stark zu halten.

Kurzum, Sie müssen von Ihrer Macht der Wahl immer Gebrauch machen, um Ihre Freiheit zu schützen. Wenn Sie ein Element in Ihrer Umgebung entdecken, das Sie eliminieren möchten, dann sagen Sie sehr bestimmt: Ich habe die Macht der Wahl. Dieses Element bin ich nicht. Ich wähle eine andere Umgebung, weil sie eher zum Ausdruck bringt, was ich bin. Wenn Sie das tun, übernehmen Sie die Verantwortung für Ihr Leben.

Nutzen Sie Ihre Kraft des Bewußtseins

Wenn Sie die Entscheidung treffen, Ihre Umgebung zu verändern, haben Sie etwas sehr Wichtiges unternommen. Sie haben Ihre Kraft des Bewußtseins genutzt. Viele Menschen bleiben lange Zeit in einer zerstörerischen Umgebung, weil ihnen nicht bewußt ist, wie zerstörerisch sie ist. Da sie sich vertraut mit ihr fühlen, fühlen sie sich auch wohl. Ihr Bewußtsein schärft sich, indem Sie Ihre Gedanken und Gefühle reinigen. Je mehr Sie Ihr wahres Selbst werden, um so klarer erkennen Sie unerwünschte Elemente.

Wenn Sie zum Beispiel Ihren Drogenkonsum einstellen, halten Sie sich nicht aus Angst von Menschen fern, die Drogen nehmen, sondern weil Sie die Wahl treffen, sich aus einer negativen und unproduktiven Umgebung herauszuhalten.

Man kann es mit folgender Situation vergleichen: Wenn Sie die Straße entlanggehen und Hundekot sehen, der Ihnen im Weg ist, befähigt Ihr Bewußtsein Sie, dieses Hindernis zu umgehen. Sie umgehen es nicht, weil Sie Angst davor haben. Aber warum sollte man hineintreten? Denn der Schmutz an den Schuhen wird Sie hinterher viel Arbeit und Mühe kosten. Wieviel klüger ist es, wenn Sie einfach dankbar für Ihr Bewußtsein sind und ein paar Schritte mehr machen, um dieses Hindernis zu umgehen. Sie leben frei, wenn Sie wissen, wie man sich negativer Situationen bewußt wird, die vermieden werden können.

Seien Sie sich der Schönheit bewußt

Sie können Ihr Bewußtsein weiterhin schärfen, indem Sie die Schönheit um sich herum würdigen. Durch Würdigung und Dankbarkeit erkennen Sie, daß etwas präsent und wirklich ist. Wenn Sie Schönheit anerkennen und würdigen, machen Sie sie zu einem Bestandteil Ihrer Welt. Und dadurch, daß Sie Schönheit in Ihre Welt integrieren, übernehmen Sie auf andere Weise die Verantwortung für Ihr Leben. Weil Sie überall Schönheit sehen können, sind Sie kein Opfer selbstauferlegter Häßlichkeit, Schwermut und Niedergeschlagenheit mehr.

Jedesmal, wenn ich die Berge und den blauen Himmel in der Wildnis genossen habe, kam mir derselbe Gedanke: Kein Künstler vermag diese Art von Schönheit zu erschaffen. Keine Fotografie, kein Gemälde kann damit verglichen werden. Je länger ich dastehe und das einfach *genieße*, um so stärker wird das Gefühl in mir, daß ich meine eigene Musik komponiere. Aus diesem Grund rate ich Menschen, daß sie ›aufwachen und die Musik hören‹ sollen. Oder ich sage: »Wach auf und mach deine eigene Musik!« Damit sage ich ihnen im Grunde, daß sie aufwachen und sehen sollen, wieviel Schönes es gibt. So viele Menschen sind Opfer negativen Denkens und düsterer Emotionen, weil sie nicht erkennen, daß es soviel zu sehen und zu fühlen gibt, wodurch natürliche, leichte, positive Gefühle hervorgerufen werden können.

Es ist leicht, die Schönheit der Natur zu erfahren, wenn man sich losmachen kann. In der Stadt ist es mit dem Entdecken von Schönheit etwas schwieriger. Aber auch dort können Sie außer der schönen Architektur und den schönen Gärten und Parks noch viel mehr schätzen lernen.

Städte sind Zentren der Technologie. In der heutigen Zeit hängt unser Leben von der Technologie ab, die wir hervorgebracht haben. Denken Sie an Situationen, als das Wasser für einen Tag abgestellt werden mußte, als der Strom ausfiel oder Sie ohne Ihr Auto auskommen mußten. Bis zu einem gewissen Grad wurde Ihr Routineleben einfach zum Stillstand gebracht. Sie können Wertschätzung »trainieren«, indem Sie die alltäglichen Dinge um Sie herum betrachten und über die schöpferischen Ideen nachdenken, die in sie eingingen. Vergnügen, Freizeit und Bequemlichkeit haben wir der schöpferischen Kraft von Menschen zu verdanken.

So kann mich beispielsweise eine gewöhnliche Waschmaschine immer noch faszinieren. Wie das Wasser hineinfließt und wieder abgepumpt wird, wie Waschmittel und Bleiche verteilt werden, wie die Wäsche hin und her bewegt wird – das alles ist wirklich eine große Leistung, die wir als selbstverständlich hinnehmen. Wenn Ihnen am Waschtag diese Tätigkeit nur stumpfsinnig und langweilig vorkommt, versuchen Sie einmal, die Vorzüge Ihrer Waschmaschine zu würdigen. Wenn das nichts nützt, probieren Sie die folgende Alternative aus: Gehen Sie mit Ihrem Wäschekorb und Ihrer Seife an den nächsten Fluß oder See. Hoffentlich ist der Weg nicht weiter als ein paar Kilometer, je nachdem, wo Sie leben. Und hoffentlich ist das Flußwasser sauber. (Überzeugen Sie sich davon und nehmen Sie einen zweiten Behälter zum Wäschewaschen mit, damit Sie den Fluß nicht zum Schäumen bringen.) Dann waschen Sie Ihre ganze Wäsche mit der Hand und warten, bis sie trocken ist, weil nasse Wäsche schwer zu tragen ist.

Verstehen Sie, was ich damit meine – Technologie ist etwas, das man wertschätzen kann, auch wenn Sie nicht im Herzen der Natur leben. Aber wenn ich sage, daß man die Technologie würdigen soll, ist das nicht als Aufforderung zu verstehen, ökologische Notwendigkeiten zu ignorieren. Unglücklicherweise wirkt sich die Technologie in vielerlei Hinsicht negativ auf die Umwelt aus. Wir alle müssen uns verantwortlich für die Umwelt fühlen und dafür, unseren Teil beizutragen, um das Wohl und die Schönheit der Erde zu bewahren. Aber der falsche Einsatz der Technologie ist kein Grund dafür, sie abzuschaffen. Statt dessen können wir uns eine bessere oder andere technologische Kreativität zunutze machen, um die Umwelt zu schützen und zu verbessern, während wir weiterwachsen.

Sie können auch in Ihrem Zuhause Schönheit schaffen. Ich umgebe mich zum Beispiel gern mit schönen handgearbeiteten Dingen, weil ich weiß, daß der Künstler sie nicht mit Wut oder anderen schlechten Gefühlen hätte herstellen können. Künstler, die Schönheit hervorbringen, befinden sich in ihrem Schaffensprozeß in einem positiven Geisteszustand. Ihre Werke in meiner Umgebung lösen bei mir nicht nur gute Gefühle aus, wenn ich ihre Schönheit würdige, sondern vermitteln mir auch ein Symbol der positiven Energie der Künstler.

Die Sache ist die: Finden Sie immer etwas, das Sie wertschätzen können – was es auch sein mag. Wertschätzung wirkt Wunder, um Ihren Geist von dem drückenden Negativen freizuhalten, das Sie mit Einschränkung, Angst und Unterdrückung belastet. Haben Sie schon einmal Heißluftballons, die so leicht aufsteigen, gesehen? Wertschätzung ist wie eine Kraft, die die Gewichte abwirft, mit denen die Ballons am Boden gehalten werden. Ohne diese Gewichte steigen die Ballons spontan und frei in die Luft. So können Sie sein, wenn Sie zulassen, daß Wertschätzung und Dankbarkeit Ihr Herz und Ihren Geist erfüllen. Wertschätzung läßt Sie gute Dinge fokussieren, wodurch sich noch mehr Gutes manifestiert. Auf diese Weise werden Sie frei von den negativen Formen, die Ihre negativen und eingeschränkten Gedanken hervorgebracht haben.

Suchen Sie in Ihrem eigenen Geist nach Freiheit und Glück

Welche materiellen Ziele Sie auch verfolgen, der Zweck der Verwirklichung eines jeden Ziels liegt darin, die natürliche Freude und das natürliche Glück in Ihnen wachzurufen.

Wahres Glück läßt Sie nur Ihre eigenen spirituellen Eigenschaften und keineswegs eingeschränkte negative Gedanken und Gefühle fühlen. Wahres Glück ist spirituell, weil es nie von bloßen materiellen Gegenständen oder materiellem Erfolg abhängig ist. Sie sind in hohem Maße frei, wenn Sie das wissen, weil Sie Ihre Freude, Ihre Kraft, Ihr Glück nie verlieren können, gleichgültig, in welchen materiellen Verhältnissen Sie leben.

Erinnern Sie sich an die Geschichte über den erfolgreichen Apfelbauern? Er kam an seine Äpfel, ganz recht. Aber war der wahre Gewinn nicht der Frieden, die Freude und die Erfüllung, die er empfand? Wenn seine Apfelbäume am nächsten Tag abgebrannt wären, würde er dann immer noch Frieden, Freude und Erfüllung empfinden? Ja, weil die materiellen Äpfel nicht die Quelle seines Glücks waren. Der erfolgreiche Apfelanbau des Bauern brachte die bereits in ihm vorhandenen Gefühle von Frieden und Freude ans Licht.

Die Äpfel waren nicht die Quelle seines Glücks, sondern vielmehr das Werkzeug, das er einsetzte, um seine immateriellen Gefühle des inneren Glücks zu finden. Es wäre nicht falsch, wenn der Bauer zu seinem Apfelbaum beispielsweise sagen würde: »Ich danke dir für diese Gelegenheit. Ich danke dir dafür, daß du da bist und wächst und mir diese Gelegenheit gibst, Disziplin zu üben, um dir zu helfen, Äpfel zu tragen. Als Folge weiß ich jetzt, daß ich eine starke Person mit guten Eigenschaften bin, und ich bin dankbar für den Frieden und die Freude und die Zufriedenheit, die ich in mir entdeckt habe. Jetzt, da ich weiß, daß ich diese Freude in mir habe, weiß ich auch, daß ich sie für immer behalten werde.«

Das zu lernen ist manchmal eine schwierige Lektion. Wir bemühen uns so sehr, in den Genuß materieller Gegenstände und Situationen zu kommen, von denen wir denken, daß sie uns glücklich machen. Wir sind wirklich überzeugt, daß wir das tun müssen. Aber immer wieder stellen wir fest, daß uns der Erwerb materieller Dinge nicht glücklich macht. In der Tat gehen wir gewöhnlich schnell weiter und streben etwas Neues an, nachdem wir etwas, auch wenn wir es uns sehr wünschen, bekommen haben. Und jedesmal scheinen wir nie das endgültige, dauerhafte Glück zu finden, das wir uns erhoffen. Der Grund dafür ist der, daß wir am falschen Ort suchen, wenn wir außerhalb von uns selbst suchen.

Das Glück ist bereits in Ihnen. Materielle Ziele und Gegenstände sind lediglich Werkzeuge und helfen Ihnen, Ihre natürliche innere Freude zu entdecken. Wenn Ihnen ein Sieg Freude bringt, liegt es an Ihnen, sie zu bewahren. Da Ihre Freude nicht nur durch materielle Gegenstände hervorgerufen wird, geht Ihnen Ihre Freude nicht mit dem Verlust dieser materiellen Gegenstände verloren. Welche Freiheit liegt darin! Sie können nicht nur Ihre materiellen Ziele erreichen, sondern diese auch als Hilfe einsetzen, um Ihre inneren Eigenschaften zu erkennen – spirituelle Eigenschaften wie Freude, Frieden und Harmonie, die Ihnen niemals genommen werden können.

Ich möchte Ihnen die folgende Geschichte über inneres Glück erzählen:

Einmal dachte ein König über die Natur des Glücks nach und beschloß, die Antwort in seinem Königreich zu suchen. Er rief seinen Ratgeber zu sich und sagte: »Ich will, daß du heimlich durch mein Königreich reist und einen Haushalt suchst, der wirklich glücklich ist. Wenn du eine Familie ohne Sorgen oder Probleme finden kannst, werde ich viel gelernt haben und diese Familie belohnen.«

Zuerst versuchte der Ratgeber es bei einer reichen Familie. Er begab sich in ein großes Haus mit Dienern und allem erdenklichen Luxus. Es gelang ihm, sich dort eine Stellung zu verschaffen, so daß er besser Beobachtungen anstellen konnte. Er war davon überzeugt, daß diese Familie glücklich sei, weil sie sich alle Wünsche erfüllen konnte. Aber schon nach wenigen Tagen erkannte er, wie unglücklich alle waren.

Sie lebten in ständiger Sorge, daß andere ihr Geld stehlen oder sich ihre Habe aneignen könnten.

Als nächstes suchte der Ratgeber eine Familie auf, die einen sehr hohen gesellschaftlichen Rang und eine hohe Stellung in der Regierung hatte. Aber auch sie waren nicht so glücklich, wie er es erwartet hatte, denn ihre Sorgen kreisten unentwegt um Spione und darum, ihren Rang zu verlieren oder ihrer Stellung zu schaden.

Dann versuchte der Ratgeber es im Haushalt der schönsten Frau im ganzen Königreich. Sie hatte so viele Bewunderer und Freier und besaß so viele Geschenke und kostspielige Dinge, daß er sich sicher war, sie müsse sehr glücklich sein. Aber schnell fand er das Gegenteil heraus. Sie wußte nicht, wen sie heiraten sollte, und lebte in ständiger Angst vor dem Alter und dem Verlust ihrer Schönheit.

Monatelang suchte der Ratgeber überall, und gleichgültig, wie gut eine Familie auf den ersten Blick wirkte, so bot sie doch bei näherer Betrachtung fast immer ein Bild düsterer Angst, Sorge und Unruhe.

Nachdem der Ratgeber fast alle Haushalte im Königreich abgesucht hatte, gelangte er schließlich an ein kleines Haus am Stadtrand. Aber weil das Haus so ärmlich aussah, bemühte er sich erst gar nicht, hier nach Glück zu suchen. Er wollte gerade weitergehen, als er etwas Unerwartetes vernahm: Es war Gelächter. Er drehte sich um und trat näher heran, um heimlich durch das Fenster zu sehen.

Im Haus, das aus einem Zimmer bestand, saßen der Vater, die Mutter und ihr kleines Kind auf dem Boden. Die Eltern spielten mit ihrem Kind, und alle drei waren erfüllt von Liebe und lachten sorgenfrei.

Dem Ratgeber wurde ganz warm ums Herz, und alle Müdigkeit wich von ihm, als er sie beobachtete. Es verblüffte ihn, daß diese Familie so glücklich sein konnte, obwohl sie kaum etwas besaß. Dann hörte er, wie der Vater mit einem tiefen Seufzer sagte: »O mein Sohn, es gibt nichts auf der Welt, was ich mir mehr wünsche als das, was ich habe. Du bist mein ein und alles, und ich bin glücklich. Aber es würde mein Herz mit Freude erfüllen, wenn ich es mir leisten könnte, dir neue Unterwäsche zu kaufen.«

Der Ratgeber konnte seinen Ohren nicht trauen. Im ganzen Königreich war jeder um so viele unbedeutende Dinge besorgt. Und diese arme Familie war glücklich, obwohl sie wirklich etwas brauchte, etwas, das jeder als selbstverständlich hinnahm.

Am nächsten Tag kehrte der Ratgeber in einer Aufmachung, die sich für seine Position ziemte, zurück. Er war in Gold und Silber gekleidet und von all seinen Dienern und Gehilfen umgeben. Stolz fuhr er in die Stadt, wo er die glückliche Familie gefunden hatte und jedem von seinem Auftrag erzählte. Viele Menschen erkannten ihn als den Fremden wieder, der so viele Fragen gestellt hatte.

Er verkündete, daß er die glücklichste Familie im Königreich gefunden habe und diese Familie reich belohnen werde. Jeder wartete atemlos, als sich der Ratgeber durch die Menge zu der armen Familie bewegte, die ganz hinten stand. Er lächelte, als er in seinen Umhang griff, und brachte zwinkernd die schönste Kindergarderobe, die man sich vorstellen kann, zum Vorschein. Einschließlich Unterwäsche.

Diese Familie zeigt uns, daß Freude unabhängig von allem anderen existiert. Die Familie war auf ganz natürliche Weise glücklich, unabhängig von materiellen Gütern. Materielle Gegenstände wurden nicht als Notwendigkeit, sondern als Mittel zur Steigerung des Wohlbefindens betrachtet, und so kann Glück nur zunehmen und nicht verlorengehen. Sie sind wirklich frei, wenn Sie eine natürliche Freude in sich finden und entdecken, daß sie für immer ein Teil von Ihnen ist – denn nichts und niemand kann Sie Ihrer Freude berauben, und Ihre Freude wird niemals von bestimmten Umständen abhängen, um andauern zu können.

Freude ist als ein Aspekt Ihres Stillen Meisters eine schöpferische Einstellung. Erinnern Sie sich daran, daß Körper und Geist eins sind. Wenn Sie Freude in Ihrem Geist beherbergen, besitzen Sie eines der positiven Gefühle, die Ihnen helfen, Ihr physisches Leben frei zu gestalten. So wie Liebe Liebreiz hervorruft, ruft Freude Glück hervor, das sich in Ihren Beziehungen, Ihrer Arbeit und Ihrem Zuhause niederschlagen wird.

Vergessen Sie nie Ihre Verbindung zur Quelle

Sie werden bis in alle Ewigkeit eins sein mit der Lebenskraft des Universums. Glauben Sie an sich selbst, daran, daß Sie etwas leisten und schaffen können. Ihr Stiller Meister ist Ihre Verbindung zu derselben Quelle, die alles, was existiert, erschaffen hat. Wenn Sie Ihren Stillen Meister spüren, fühlen Sie sich stark, rein, schön und wahr. Nehmen Sie sich so wahr, fühlen Sie sich voller Kraft, und seien Sie sich bewußt, daß Sie etwas erreichen können.

Sie sind nicht allein. Sie wissen, daß Ihr Stiller Meister in Ihnen alle Lösungen für Ihre Probleme herbeiführen wird, wenn Sie ihn darum bitten. Vergessen Sie das nicht. Wenn Sie sich wirklich – mit Körper, Geist und Seele – auf die Suche begeben, dann sind Sie nicht allein. Vergessen Sie nicht, daß diese Weisheit in Ihnen eine stille Stimme hat, die Intuition genannt wird und zu Ihnen spricht und Sie führt, wenn Sie darum bitten. Sie spüren Freude und Ruhe und Frieden. Ihre Verbindung bewirkt diese stille Freude in Ihnen, denn wenn Sie eins sind mit der Quelle allen Lebens, werden Sie sich sicher und geborgen fühlen.

Sie wissen, daß Sie zusammen mit dieser schöpferischen Lebenskraft in Ihrem Geist Ihr Leben mitgestalten, indem Sie mit Reinheit lieben, fühlen und wünschen. Seien Sie der Krieger! Was auch immer geschehen mag, was auch immer Ihnen begegnet, in Ihnen ist die unendliche Lebenskraft, die bereit ist, Heilung, Genesung, Überfluß und Schönheit zu bringen. Breiten Sie Ihre Schwingen aus!

Es ist Ihr Leben und Ihre Welt. Sie sind ein Original, ein

besonderes und einzigartiges Geschenk an das Universum, weil es Sie nur einmal gibt. Das Universum braucht Sie, um vollständig zu sein. Es ist an der Zeit, daß Sie aufhören, in Angst zu leben und darauf zu warten, sich zu wünschen und zu hoffen, daß sich etwas bessern wird. Sie sind bereits eins mit der schöpferischen Kraft, die Sie und das ganze Universum ins Leben gerufen hat. Lassen Sie nicht zu, daß jemand Ihnen im Weg steht. Lassen Sie nicht zu, daß jemand Ihnen die Flügel stutzt: Schreiten Sie zur Tat. Sie verfügen bereits über die ganze Kraft, die Sie in Ihren Gedanken und Gefühlen brauchen, um all das zu sein und zu tun und zu haben, was Sie möchten. Weil Sie das jetzt wissen, kann nicht Unwissenheit Sie aufhalten, sondern nur Faulheit, nur die Gewohnheiten der Vergangenheit. Breiten Sie Ihre Schwingen aus!

Sie leben in einer wunderbaren Zeit, die *Jetzt* genannt wird. In diesem Augenblick wartet alles, was Ihre Wahrheit ausmacht, darauf, erkannt und ausgedrückt zu werden. Alles Vergangene ist verschwunden. Ein Morgen wird es nie geben. Es existiert immer nur das Jetzt. Sie können die Verantwortung übernehmen, zur Tat schreiten und sich Ihre eigene Freiheit erschaffen.

Lassen Sie uns anfangen zu feiern! Freiheit ist real. Freiheit ist möglich. Sie verfügen über die Kraft, die Wahrheit, die Schönheit und das Potential in Ihnen, die immer darauf warten, entdeckt und ausgedrückt zu werden. Ihr Stiller Meister, strahlender und kostbarer als Diamanten, warm wie die Frühlingssonne und wunderbar wie die im unermeßlichen Universum verstreuten Spiralnebel, erwartet Ihre Rückkehr, so daß Sie gemeinsam ein strahlendes Geschöpf, verantwortlich für Ihr Schicksal, sein werden.

Was hält Sie auf? Was hält Sie zurück? Sie haben die Freiheit, frei zu sein! Breiten Sie Ihre Schwingen aus, fliegen Sie und seien Sie frei!

Meditation

In diesem Augenblick befreie ich mich von allen Gedanken, Gefühlen und Handlungen, die nicht mein wahres Selbst sind. Ich lasse meine Freude, meine Liebe, mein Glück jeden Augenblick ungehindert in mir leuchten. Meine Liebe und meine Freude rufen Liebreiz, Schönheit, Frieden und Harmonie in allen meinen Handlungen und überall, wohin ich auch gebe, hervor. Die Liebe meines Stillen Meisters füllt jeden Raum. Ich weiß, daß mein Geist frei ist, daß meine Seele frei ist, daß meine Liebe frei ist, und wohin auch immer ich mich wende, kommt meine Liebe zu mir zurück und zeigt mir, daß Liebe die Energie aller Manifestationen ist.

Weitere Hilfsprogramme
von Großmeisterin Tae Yun Kim

Für Informationen und Bezugsquellen zu den folgenden Programmen, Audio- und Videokassetten wenden Sie sich bitte direkt an:

Grandmaster Tae Yun Kim
107 Minnis Circle, Milpitas, CA 95035, USA.

Programme zur Selbstentwicklung

- *Wochenenden zur Selbstentdeckung:* Wochenendseminare zur Selbstentwicklung, die in der Schönheit und Erhabenheit der Natur stattfinden.

- *Intensivprogramme:* Dieses für gewöhnlich ein- bis zweiwöchige Programm ist auf Personen zugeschnitten, die sich einem bestimmten Bereich ihrer Selbstentwicklung auf privater Basis widmen möchten.

- *Korrespondenzprogramme:* Diese Programme sind insbesondere für Personen vorgesehen, die an laufenden Kursen nicht teilnehmen können, aber ihr Lernen per Fernkurs fortsetzen möchten. Voraussetzung ist die Teilnahme an einem der oben erwähnten Kurse.

- *Seminare:* Sie werden nach Bedarf und auf Vereinbarung auf Firmen oder besondere Interessengruppen individuell zugeschnitten.

- *Persönliche Beratung bei Großmeisterin Kim:* Privates Einzelgespräch mit Großmeisterin Kim (persönlich oder telefonisch) nach Vereinbarung.

Meditations- und Motivationstonkassetten

- *Be Free:* Die Großmeisterin führt Sie durch eine Meditationsübung, die selbstzerstörerische Kräfte auflösen soll.

- *Rising Above:* Erheben Sie sich und meistern Sie Ihr Leben.

- *Be An Original:* Diese uralte Meditationstechnik hilft Ihnen, Ihr wahres inneres Potential zu erschließen.

- *Ocean Magic:* Lernen Sie, wie man Inspiration und Energie aus den Naturgewalten schöpfen kann.

- *Grandmaster's Song:* Sanfte, von der Großmeisterin inspirierte Meditationsmusik.

- *Personal Power:* Ein dynamisches einstündiges Seminar mit der Großmeisterin Tae Yun Kim über die Kontrolle Ihrer Umgebung.

- *Ki Rhythm Energy Channeling Series:* Die Energy-Channeling-Serie ist eine Sammlung wunderschön gemachter Schwingungsmelodien, gesungen von der Großmeisterin Tae Yun Kim.

- *Jung Shin Tong II:* Jetzt ist es an der Zeit, daß Sie Ihre Regenbogenschwingen ausbreiten.

- *Tae Yun:* Lassen Sie es zu, daß Sie sich mit Ihrem Höheren Selbst verbinden.

- *Song Bu:* Den Schöpfer rufen als ein Kind Gottes und mit bedingungsloser Liebe.

- *Om:* Klangschwingungen des Universums.

- *Chu Yo Ho Hwa Yo:* Vertrauen, Liebe und Dankbarkeit mit sich tragen, das Loslassen erfahren.

- *Ha Nu Rey Gae Shin:* Ein Bürger des Himmels werden.

- *Ki Do:* Verbinden Sie sich mit Ihrem Stillen Meister und mit Gott.

Motivationsvideokassetten

- *Shim Gong:* Umreißt die Sieben Stufen zur Inneren Kraft und die Umsetzung dieser Vorstellungen in Ihrem Leben.
- *Hyung:* Dieses Video erklärt die innere Bedeutung der asiatischen Kampfsportformen und ihre Anwendbarkeit auf Ihre persönliche Entwicklung.
- *Nae Gong:* Betont die Bedeutung der geistigen Disziplin in unserem Alltagsleben.
- *Ki Energy:* Erklärt und zeigt, wie man Ki-Energie in alle Aspekte seines Alltagslebens aufnehmen kann.

Weiterführende Literatur

Allen, James: *Heile deine Gedanken. Werde Meister deines Schicksals,* herausgegeben von Marc Allen, Freiburg 1996

Allen, Marc: *The Perfect Life,* Novato/Kalif. 1992

Allen, Marc: *Kreative Meditation und Tiefenentspannung,* Musik von John Bernoff, Basel 1988 (Audiokassette)

Becker, Harold W.: *Internal Power,* Novato/Kalif. 1993

Gawain, Shakti: *Gesund denken. Kreativ visualisieren,* München [4]1997

Gawain, Shakti: *Stell dir vor. Kreativ visualisieren,* München (Audiokassette)

Kim, Tae Yun: *Der Weg der Kriegerin. Die Lehre der koreanischen Meisterin,* München 1996 (vergriffen)

McDonald, John: *The Message of a Master,* Novato/Kalif. 1993

McDonald, John: *Die Botschaft eines Meisters,* Freiburg 1997